MODERN

SCHWARZES

GRIMOIRE

Zaubersprüche, Anrufungen, Amulette und Divinationen für Hexen und Zauberer

Amelia Teije

Amelia Teije
Erstausgabe: Mai 2022
Urheberrecht © 2022 : Amelia Teije

Haftungsbeschränkung - Haftungsausschluss

Bitte beachten Sie, dass der Inhalt dieses Buches auf persönlichen Erfahrungen und verschiedenen Informationsquellen basiert und nur für den persönlichen Gebrauch bestimmt ist.

Bitte beachten Sie, dass die Informationen in diesem Dokument nur zu Bildungs- und Unterhaltungszwecken dienen und keine Garantie jeglicher Art gegeben oder impliziert wird.

Die Leser erkennen an, dass der Autor keine medizinischen, professionellen oder sonstigen Ratschläge gibt.

Nichts in diesem Buch soll den gesunden Menschenverstand, die medizinische Beratung oder den professionellen Rat ersetzen und dient nur der Information.

Ihre besonderen Umstände stimmen möglicherweise nicht mit dem in diesem Buch dargestellten Beispiel überein. In der Tat werden sie es wahrscheinlich nicht.

Zusammenfassung

Einleitung

Unsicher ist die Etymologie des Begriffs Grimoire, den einige zur alten und wohlwollenden Definition von Gramatica aufsteigen wollen; und in der Tat ist es die Grammatik, gesehen und betrachtet, dass wir mit einer Art Abbecedari der magischen Künste konfrontiert sind und als solche extrem variabel sind. Zirkel von Magiern, einzelnen Hexen und Zauberern, Alchemisten und Esoterikern, Anhängern okkulter Sekten et Similia haben akribische Zeugnisse ihrer geheimen Rituale in privaten Büchern, Manuskripten (oft mit prächtigen Illustrationen) hinterlassen, die dann von Hand zu Hand zirkulierten, heimlich, als eine Art geheime oppositionelle Presse ante litteram.

Die Gründe dafür liegen auf der Hand: zügelloser Aberglaube, fanatische Intoleranz, religiöser Absolutismus, krasse Ignoranz, alles Elemente, die zur Bildung der berüchtigten Hexenjagd beigetragen haben ... Und es ist kein Zufall, dass der letztgenannte Begriff dann ab 1950 mit einigem Erfolg wiederbelebt wurde, um verschiedene Phänomene der Unterdrückung von Minderheiten und alle Faktoren der sozialen "Vielfalt" zu bezeichnen.

Bereits mit dem Aufkommen der Presse erlebten die Grimori einen gewissen Erfolg mit Hilfe vieler Ausgaben, von großem Wert, aber auch beliebt (und auf jeden Fall heute beide sehr selten); ein Erfolg, der wieder einmal durch Zensur und Beschlagnahmungen auf die Probe gestellt wurde, auf den Index verschiedener Bücher, die Zerstörung der Folterungen anderer, Zurechtweisungen und Überzeugungen.

Diese redaktionelle Situation, insbesondere im letzten Vierteljahrhundert, hat sich völlig umgekehrt; In der Tat, im Bett der Pressefreiheit, endlich verallgemeinert oder fast, und mit der stillschweigenden Befürwortung des wachsenden "Hungers nach dem Okkulten" der Volksmassen auf der Suche nach einem Weg zum Transzendenten zwischen dem stillen Brüllen des Immanentismus, haben wir eine Art echte "Wiederbelebung" der Grimoires mit anastatischen Ausgaben erlebt. Sammlung verschiedener Formen, ripescaggio von Texten, die für immer verloren geglaubt wurden, usw., jetzt bis zum Überdruss neu vorgeschlagen, in luxuriöser Kleidung und in manchmal sogar sehr hohen Auflagen, aus einem Taschenbuch!

Die Gefahr bleibt bei genauerem Hinsehen bestehen und wurde nur umgekehrt; Aus übermäßigem Zwang sind wir in der Tat zu übermäßiger Freiheit übergegangen, verlieren den Sinn für Maß und lösen ein beunruhigendes Jeu de Massaker aus, das in seinen intimsten Folgen von Schändung und Chaos allzu leicht vorherzusehen ist.

Wie wir bereits wiederholt an verschiedenen Stellen wiederholt haben, möchten wir darauf hinweisen, dass das Studium der okkulten Wissenschaften (und vor allem der evokativen Magie, die in Grimoires reichlich Licht findet) eine harte und schwierige Disziplin ist, die notwendigerweise einigen Kategorien von Menschen vorbehalten ist, ausgestattet und mit einem großen Opfergeist. Willenskraft und Verachtung für irdische Güter. Es ist einfach unmoralisch, daher – auch aus magischer Sicht – die Situation, die heute entstanden ist, mit einem Sektor, in dem Verrückte und Lestofanti über die Pelle und die Hoffnungen der Armen spekulieren und wo es im Freihandel Dutzende von absurden Büchern gibt, die auf gesunde Weise gefälscht oder sogar erfunden wurden. wie fantastische Romane oder Horror!

In dieser Verwirrung sind jetzt sogar die echten Grimoires nicht mehr zu erkennen; abgesehen von einigen Klassikern wie dem Enchiridion, dem Großen Albert und dem Kleinen Albert, den allerersten Ebdomadari der Dämonologie und anderen kleineren Texten (meist von unserem Bruder JÖrg Sabellicus in seinen populären Werken gesammelt, quasi immer lobenswert), ist alles andere nichts mehr wert, und das aus offensichtlichen Gründen: Im Laufe der Jahrhunderte haben die Grimoires Zensur angesammelt, Auslassungen, Interpolationen, Änderungen, Übersetzungsabweichungen, trügerische Interpretationen u.a., die am Ende völlig verzerrte Texte ergeben, die im Vergleich zu ihren ursprünglichen Matrizen fast nicht wiederzuerkennen sind.

Kurz gesagt, die wahren Wurzeln der magischen Kunst sind verloren gegangen, jetzt delegiert, in der Traurigkeit der Zeit, um als eitles Spektakel für ein Publikum mit leichtem Geschmack zu fungieren, das vom Materialismus angearmt wird, im Triumph aller Arten von niedrigen und höllischen Praktiken, vom Schmutz des Satanismus bis zu den selbstmörderischen Praktiken der Schwarzen Magie.

Die einzigen Grimoires, die weitgehend noch intakt sind, können in den Originalkopien der Jahrgang gefunden werden, der noch im Besitz eines immer seltener werdenden authentischen Magiers ist, in einer Provinzbibliothek, die normalerweise gut mit sehr seltenen Ausgaben bestückt ist, in einem privaten Fundus von Manuskripten, sechzehnten Jahrhundert und anderen wertvollen Dokumenten.

So sind wir im Laufe unserer kontinuierlichen Recherchen glücklicherweise auf mehrere Exemplare eines Buches gestoßen, um es gelinde auszudrücken: Das schwarze Grimoire.

Legendär, wegen seiner extremen Seltenheit, auch verschlimmert durch die verschiedenen Versionen, die in sehr begrenzten Umgebungen zirkulieren, wo es immer noch möglich ist, die Spreu vom Weizen zu pflücken.

Das Black Grimoire hat keinen echten Autor, da es sich um eine Zusammenfassung der Hauptwerke von Dutzenden und Aberdutzenden wichtiger Autoren handelt, die der fachkundige Leser nacheinander erkennen wird, auch wenn es keine offensichtlichen Spuren der Autorschaft gibt; In der Tat, und ohne jede falsche Bescheidenheit, dürfen wir sagen, dass das Buch, das wir präsentieren, ein echtes redaktionelles Ereignis von internationaler Tragweite ist, das

13

sicherlich Kommentare und Wertschätzung bei Noend hervorrufen wird.

Niemals, in keinem Buch dieser Art, waren so erschöpfende und interessante Konzepte und Praktiken so klar und eindringlich prägnant, dass sie ein echtes "Buch der Bücher" in Bezug auf weiße Magie und nützliche Praktiken, den Kampf gegen das Böse und all seine schädlichen Folgen, einschließlich degenerierter Kinder, bildeten.

Es genügt, durch das Buch zu blättern, um eine erste, blasse Vorstellung vom Inhalt zu bekommen: über hundert Pentakel, Siegel, Talismane und Amulette; eine enorme Menge an theoretischen und praktischen Informationen, wie Segnungen, Zaubersprüche, Exorzismen, Verschwörungen; Eine vernünftige Unterteilung in Kapitel an sich, in einer Struktur, die unterschiedlich artikuliert ist, im Wesentlichen perfekt für den Neuling, aber auch sehr angenehm für die kultivierte Person.

Um Ihnen diesen endgültigen Entwurf von Il Grimorio Nero zu präsentieren, haben wir drei verschiedene Kopien zusammengestellt, um die vielfältigen Variationen, möglichen Ergänzungen usw. zu notieren. Ein fotokopierter Text mit einer gedruckten Ausgabe ohne Datum und Ort (aber nur "Rom, Ende 1500"); ein Manuskripttext mit dem Datum 1783-1786, der aus den Mitteln eines alten Zirkels stammt; Ein maschinengeschriebener, sehr zerbrechlicher, Text des frühen zwanzigsten Jahrhunderts – nach den Charakteren zu urteilen – der von einem nicht identifizierten Gelehrten für den späteren Druck vorbereitet wurde.

Wir haben bei unserer vollständigen Übersetzung eine sorgfältige Arbeit geleistet, alle möglichen Materialien berichtet, das Wenige, was überflüssig und verzerrt war, eliminiert, mit einigen Ergänzungen und Ammodernandothe oft archaischer Prosa beigetragen und schließlich die meisten Figuren aus den Originaltexten neu gestaltet.

Das Endergebnis erschien uns von äußerstem Respekt und gerade aufgrund der Originalität und Kraft des Endprodukts beschlossen wir, Il Grimorio Nero einem breiten Publikum wie dem dieser speziellen Serie zu präsentieren; Wir können nur hoffen, dass kompetente Leser das Ergebnis unserer Bemühungen zu schätzen wissen, die zur Wiedergeburt von True Magic beitragen.

M.D. Cammarota Jr.

Kapitel Eins

Die Magie der Großen Meister

Talisman der Ewigkeit

Auchunter anderen Namen bekannt, die sich von Tradition zu Tradition unterscheiden, ist dieser Talisman einer der mächtigsten aller Zeiten, vielleicht der mächtigste von allen, kompatibel mit dem Gebrauch, der erlangt werden kann, und wächst mit; in der Tat besteht seine Tugend darin, die Befehle des Beschwörers, aller existierenden Dämonen, jeder Ordnung und jedes Grades abzurufen, einzusperren und zu befolgen. Offensichtlich liegt die Verwendung dieses Talismans ausschließlich in der Verantwortung der Meister der mediterranen Künste, da keine evokative Formel, bekannt oder unbekannt, sondern nur die Willenskraft, die für edle und entschlossene Zwecke verwendet wird, für diesen Zweck ausreicht.

Salomos Amulett

Dieses Amulett kann nur auf die Haut einer Schlange gemalt werden, die möglicherweise mit dem linken Fuß zerquetscht wurde. Auf der getrockneten und gut gedehnten Haut, im inneren Teil, werden Sie alles verfolgen, mit Ihrem eigenen Blut, das versehentlich beschafft wurde (ohne den Fall zu verursachen). Das so erhaltene Amulett ist von enormer Kraft, wenn es immer getragen wird, natürliches Leben während, auf nackter Haut in Kontakt mit dem Herzen; Sein Einfluss zieht Freundschaft und Liebe, Geld und Ehre an, gibt aber weder ewiges Leben noch Glück der Seele.

Salomos Talisman

Salomos Talisman schützt vor dem schädlichen Einfluss der Dämonen, bietet Unsichtbarkeit für diejenigen, die es wert sind, und bewahrt körperliche Merkmale vor dem Zahn der Zeit (aber nicht vor dem Tod). Der Bau muss in der Nacht zwischen Mittwoch und Donnerstag in einer geschlossenen und silenzioso Umgebung durchgeführt werden. Das Design sollte auf Schafspapier oder besser noch auf einer dünnen Schicht Zedernholz eingraviert sein. Es wird alles auf einer gegossenen Platte aus sieben Elementen aufgetragen: Gold, Silber, Eisen, Quecksilber, Zinn, Kupfer, Blei, in gleichem Maße. Der Talisman wird um seinen Hals hängen und wird, wenn nötig, mit seiner rechten Hand berühren, was großes Vertrauen in die Tat zeigt.

Siegel Salomos

Vom Siegel Salomos, das auf einem Ring aufgedruckt ist, der am kleinen Finger der linken Hand getragen wird, macht der Besitzer unsichtbar. Es gibt verschiedene Versionen, aber nur dies ist die wahre und festgestellte. Auf der anderen Seite gibt es immer noch Zweifel an den Beschwörungen, die notwendig sind, um dem Ring Macht zu verleihen, aber was letztere betrifft, können wir mit einem guten Investitionsspielraum auf die anderen bestehenden Texte zu diesem Thema verweisen.

Pentakel Salomos

Von allen Pentakeln, wahr und vermutet, die Salomo zugeschrieben werden, ist dies sicherlich das älteste und entspricht der Wahrheit im Vergleich zur ursprünglichen Konstruktion. Es muss auf einem Boden aus kaltem Stein mit Pflanzenstoffen verfolgt werden, vorsichtig, ausgehend vom inneren Kreis, der allmählich nach außen überläuft.

Seine bloße Realisierung ist bereits ein positiver Akt, während sein Einfluss speziell darauf abzielt, alle möglichen Phänomene des bösartigen Befalls oder einfach unrein, die in der Umgebung vorhanden sind, zu beseitigen.

Pentakel von Cornelius Agrippa

Es ist eine etwas kompliziertere Variation des viel berühmteren Pentakels von Salomo zuvorillustriert. Die meisten zeichnen es auf dem nackten Boden mit Kalk oder Asche nach, andere machen es sogar zu einem Talisman gegen Neid und den Charme der Rechnungsstellung. Unser Rat ist, ein Bild von einem Meter pro Seite mit hellen Farben (Rot, Gold, Grün) zu machen und es hinter der Haustür des Hauses oder am Bett aufzuhängen, um alle nützlichen Einflüsse sofort spürbar zu genießen.

Das große Pentakel Salomos

Es muss unter den gleichen Bedingungen und Wegen verfolgt werden, wie es das Pentakel Salomos zuvor illustriert hat. Natürlich sind die Auswirkungen dieses Pentakels viel größer; Ebenso die Schwierigkeiten, die in der vollkommenen Vorbereitung und in der anschließenden Anrufung, die nach gebührender Trafila erreicht wird, überwunden werden müssen.

Talisman von Paracelsus

Die Zeichnung muss mit grüner Tinte aus Gemüsesäften heiliger Kräuter auf einer Stütze aus jungfräulichem Pergament hergestellt und dann auf einen reinen Silberteller geklebt werden, um am Hals hängend in Kontakt mit der Haut getragen zu werden. Ein solcher Talisman schützt vor dem Biss von Schlangen und allen anderen giftigen Tieren des Naturreiches; Es verhindert Verbrennungen, beruhigt Reisende in Gefahr und kann durch den Einsatz spezieller Gebete dazu dienen, verschiedene andere Privilegien aller Art zu erhalten.

Gebet der Salamander

Dieses Gebet muss mit Hilfe des Talismans von Paracelsus rezitiert werden, der zuvor gezeigt wurde. Sein Zweck ist es, die Wunder der Unterwelt, die Geheimnisse des ewigen Feuers, die Kraft der unendlichen Betrachtung der irdischen und feuerfesten Kräfte jeder Ordnung und jedes Grades bekannt zu machen.

Unsterblich, unaussprechlich, ewig und Heiliger Vater, Schöpfer aller Spezies! Ihr, die ihr auf dem rollenden, endlosen Wagen der Welten getragen werdet, in ihrem ewigen Zug! Herrscher der himmlischen Ebenen, wo der Thron deiner großen Macht hoch steigt, wo deine schrecklichen Augen alles sehen, alles entdecken, wo deine Ohren alles hören und wissen! Bitte untersucht uns, eure Kinder, die ihr seit Anbeginn der Ewigkeit liebt, denn eure Zeit ist groß und unermesslich. Eure Majestät leuchtet über der Welt und über jedem Himmel jedes Sterns! Du erhebst dich über die ganze Schöpfung, mit deinem glitzernden Feuer des Lebens, und erleuchtst und tröste mit deiner Pracht alles, was existiert; Aus deiner Essenz fließen unstillbare Ströme von reinem Licht, das deinen unendlichen Geist nährt! Dein unendlicher Geist produziert alles, den unsterblichen Schatz der unbestechlichen Materie, der niemals fehlt und immer umgibt und von seinem eigenen Atem des reinen lebendigen Geistes durchdrungen ist. Aus eurem Geist sind alle Könige und alle Heiligen, die Glücklichen und die Unsterblichen, alle vor eurem ewigen Thron gebeugt! Für die wunderbare Kraft deines göttlichen Gedankens, für die herrliche Schönheit deiner lebendigen Essenz. Ihr, die ihr den Engeln euren höheren Willen verkündet! Die Welten und die Elemente verehren dich, wir alle preisen dich die ganze Zeit, Herrscher der Herrscher, Ursprung aller Dinge! Wir brennen ständig mit dem Wunsch, nichts in dir zu werden, die ewige Flamme des Lebens, der universelle Funke des Göttlichen. Unsterblicher Vater, Blume aller Blumen, du, der du jede mögliche Form annimmst! Du, der du deinen Sohn gesandt hast, der Gott ist! Ihr, die ihr die Seele, der Geist und die Harmonie aller Dinge, endlich und unendlich, seid, bewahrt unsere Existenzen, breitet euren Segen auf uns aus, jetzt und immer, ewiger Gott!

Magischer Dreizack von Paracelsus

Es sollte in voller Größe auf einem großen Blatt jungfräulichen Pergaments mit äußerster Sorgfalt gezeichnet werden, wobei schwarze Tinte für die Schriften und eine silberne Lösung für den Boden verwendet werden. An dieser Stelle können Sie alles als Talisman gegen Pech verwenden, indem Sie es auf den Rücken, in das Kleid oder den Mantel oder das gewünschte Kleidungsstück genäht bringen. Sobald Sie den wahren Wert des Dreizacks verstanden haben, können Sie versuchen, ihn in das Metall zu schmelzen, zuvor die Zeichnung in Pergament zu verbrennen und die Asche in Wein zu trinken.

Faust Dreieckskreis

In Form eines Talismans kennt der Dreieckskreis Faust seine eigene Form der Anwendung in den alchemistischen Künsten und auf der Suche nach dem Elixier des langen Lebens. In Form eines Pentakels wird es jedoch selten in den Höheren Beschwörungen der Feuergeister verwendet, die für die schillernden Metalli in Edelmetallen verantwortlich sind und umgekehrt.

Pentakel von Faust

Sie werden alles in Ihrem Haus verfolgen, in absoluter Stille, mit sehr dichter schwarzer Farbe, pflanzlicher Natur. Wir werden dann in dem zuvor illustrierten Dreieckskreis des Faust operieren, um mit einem Befehlston alle elementaren Geister von Feuer und Luft zu evozieren, darauf achten, sie niemals zu bitten, ihre wahre Erscheinung zu enthüllen, und niemals der eitlen Schmeichelei der Aufgabe dieser Welt für das verzauberte Land nachgeben, in dem die Zeit nicht stirbt.

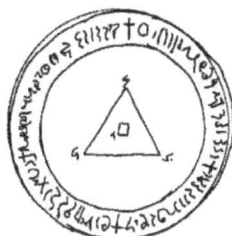

Pentacle von Sachiel

Das Pentacle, über das am Donnerstagabend berichtet wurde, wird mit größter Sorgfalt verfolgt, wobei schwarzes Talkumpuder oder Eichenasche verwendet wird, die durch Blitze zusammengebrochen ist. Dann werden wir mit der eigentlichen Beschwörung fortfahren, indem wir das auf der folgenden Seite gezeigte Formular mit einer festen und respektvollen Stimme verwenden.

Die Beschwörung von Sachiel, dem Engel des Planeten Jupiter, ist eine sehr schwierige Sache und doch notwendig, wenn wir den beschwerlichen Weg der magischen Künste erfolgreich fortsetzen wollen.

Der oberste Sachiel wird nicht um Ehre und Reichtum gebeten werden, sondern nur um Weisheit und Magna-Wohlwollen, was immer das Notwendige ist.

Evokation, die auch auswendig und vollkommen zu betrachten ist:

Conjuro et confirmo super vos,
Sancti Engel
per nomen Cados,
CADOS,
CADOS,
Eschereie,
ESCHEREIE,
ESCHEREIE,
HATIM,
HATIM,
YA
Fortis firmatus saeculorum
Keller
]AYM,
]ANIE,
ANIE
CALBAR
SABBAC
BETIFAY
ALUAYM,
et per nomen Adonay,
hier Kreavit Fische,
Reptilien in Aquis,
et aves super faciem terrae,
volantes versus coelos die quinto,
et per nomina Angelorum servientium in sexto exercitu coram
Hirtenengel sancto et magno et potenti principe;
et per nomen stellae quae est Jupiter;
et per nomen sigilli sui;
et per nomen Adonay,
summi Dei omnium creatoris;
et per nomen omnium stellarum et per vim et virtutem earum;
et per nomina praedicta
conjuro te Sachiel
Angele Magne
qui es praepositus die Jovis,
quod pro me labores et adimpleas omnem meam petitionem,
juxta meum velle et votum meum,

in negotio et causa mea.

.

Zweites Kapitel

Hermetische Magie

Schlüssel zum inneren Wissen

Zu verfolgen mit roter Tinte, die aus Pflanzenessenzen gewonnen wird, auf einem Blatt jungfräulichen Pergaments, in der Nacht zwischen Samstag und Sonntag. Diese Chiave wird im Allgemeinen getragen, oder besser noch, in ihren Hut genäht; Einige schneiden auch Fragmente des Talismans aus und schlucken sie dann zusammen mit einem Löffel Bienenhonig anlässlich besonders intensiver Erleuchtungszustände.

Großer Zot

Hermetisches Symbol der Alchemisten-Leidenschaft, früher verwendet, um einen Übergang der Synthese von einem Zustand zum anderen des verwendeten Materials zu bezeichnen. In eine Medaille aus reinem Silber gegossen, die um den Hals gehängt wird, kann der Große Zot als Katalysator für Forschungsleidenschaften dienen und mit seinem Einfluss dazu beitragen, die Liebe zur königlichen Kunst zu entwickeln und die verschiedenen Schwierigkeiten des Weges bereitwillig zu überwinden.

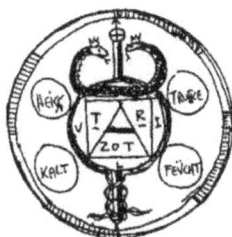

Das ewige Licht

Initiatorische Synthese des alchemistischen Weges, undes ist unvergleichlich für ein weises Wachstum im Wissen der magischen Künste. Alles wird auf einem Blatt jungfräulichen Pergaments mit Grün, Rot, Schwarz und Silber nachgezeichnet. Das Siegel schließt sich dann zwischen zwei sehr dünnen Goldblättern, die in Form eines Armbands zum Tragen gefaltet werden können, oder eines Blattes Papier, das in schwer zu konsultierende Bücher eingelegt werden kann, die so wie von Zauberhand einfach und schnell zu lesen sind.

Siegel des Lichts

Es ist der vollste Ausdruck der Kraft, die den Farben der Dinge innewohnt; Seine Vorrechte sind die der Beharrlichkeit und Regelmäßigkeit. Im Allgemeinen hielten Magier dieses Siegel in ihren Häusern (Bibliotheken, Studios und mehr) als Schutzmaßnahme gegen die Elementarkräfte der Unordnung und des Wahnsinns hängen. Dieses Siegel muss mit Silber in variablen Größen lackiert werden; Je größer die Gefahr, desto größer muss das Siegel in seiner Größe sein.

Die große Arkane

Dieses alte und wunderbare Amulett wurde von vielen Gelehrten an der Front getragen, in allen Fällen, in denen mentale Anstrengungen von großer Wirksamkeit erforderlich waren, um die Initiationsgeheimnisse verschiedener Disziplinen zu durchdringen. Der Große Arkane soll mit akribischer Sorgfalt auf einer Eisenplatte ohne Unautorität eingraviert werden; Diese Platte darf niemals jemandem gezeigt werden, unter Androhung des sofortigen Verlustes ihrer Wirksamkeit.

Talisman namens Hermetic

Es gibt keine bekannte originelle spezifische Art, diesen Talisman aufzuspüren, der in der Tradition in verschiedenen Fällen vorhanden ist, die sich leicht voneinander unterscheiden, da sie für äußerst unterschiedliche Aufgaben verantwortlich sind. Die Version, über die wir berichten, hat ihren Nutzen für das Verständnis toter Sprachen und Runenschriften und für esoterische Zeichen. Dieser Talisman muss von Hand mit schwarzer Tinte auf Papier aufgenommen werden und dann alles mit drei Tropfen Gummi arabicum an einer Eisenscheibe kleben.

Siegel der königlichen Kunst

Dieses Siegel muss zu einer Verbindung aus Eisen, Blei, Kupfer, Zinn, Quecksilber, Gold und Silber geschmolzen werden, was eine sehr feine Gravur ergibt. Sein schützender Einfluss, unter all den verschiedenen Adepten der Alchemie, ist wirklich groß und mächtig, wenn man alle anderen möglichen Talismane strikt ausschließt, die die wohltuende Wirkung des anderen beseitigen könnten.

Drittes Kapitel

Hermetische Zeichen des Artephius

Talisman der Sonne

Am Sonntag auf einem reinen Goldmedaillon nachzuzeichnen, das dann um den Hals gehängt werden kann. Es sorgt für die wohltuenden Einflüsse dieses Planeten während seines ganzen Tages.

Solari-Zeichen

Am Sonntag auf einer dünnen Platte aus reinem Gold zu verfolgen, die später während aller esoterischen und alchemistischen Riten, die für die Sonne reserviert sind, erfolgreich verwendet werden kann.

Sonnenschutz

Am Sonntag auf der Lünette eines reinen Goldrings nachzuzeichnen, den Sie dann auf Ihren Finger legen können. Die Tugenden dieses Siegels addieren die des Talismans und ähnlicher Charaktere.

Talisman des Mondes

Am Montag auf einem reinen Silbermedaillon nachzuzeichnen, das dann um den Hals gehängt werden kann. Es sorgt für die wohltuenden Einflüsse dieses Planeten während seines ganzen Tages.

Mond-Charaktere

Am Montag auf einer dünnen Platte aus reinem Silber zu verfolgen, die später während aller esoterischen und alchemistischen Riten, die uns für den Mond vorbehalten sind, erfolgreich verwendet werden kann.

Siegel des Mondes

Am Montag auf der Lünette eines reinen Silberrings nachzuzeichnen, den Sie dann auf Ihren Finger legen können. Die Tugenden dieses Siegels addieren die des Talismans und ähnlicher Charaktere.

Talisman des Mars

Zu verfolgen ist am Dienstag auf einem Medaillon aus reinem Eisen, das dann um den Hals gehängt werden kann. Es sorgt für die wohltuenden Einflüsse dieses Planeten während seines ganzen Tages.

Charaktere des Mars

Am Dienstag auf einer dünnen Platte aus reinem Eisen zu verfolgen, die später erfolgreich während aller esoterischen und alchemistischen Riten verwendet werden kann, die für den Mars reserviert sind.

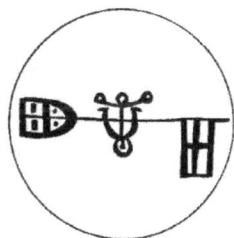

Siegel des Mars

Am Dienstag auf der Lünette eines reinen Eisenrings nachzuzeichnen, den Sie dann auf Ihren Finger legen können. Die Tugenden dieses Siegels addieren sich zu denen des Talismans und ähnlicher Charaktere.

Merkur Talisman

Zu verfolgen ist am Mittwoch auf einem Medaillon aus reinem Quecksilber, das dann um den Hals gehängt werden kann. Es sorgt für die wohltuenden Einflüsse dieses Planeten,während seines ganzen Tages.

Charaktere von Merkur

Am Mittwoch auf einer dünnen Platte aus reinem Quecksilber zu verfolgen, die später erfolgreich während aller esoterischen und alchemistischen Riten verwendet werden kann, die für Quecksilber reserviert sind.

Merkursiegel

Zu verfolgen ist am Mittwoch auf der Lünette ein
Ring aus reinem Quecksilber, den Sie dann auf Ihren
Finger legen können. Die Tugenden dieses Siegels
addieren die des Talismans und ähnlicher Charaktere.

Talisman des Jupiter

Am Mittwoch auf Amedaillon aus reinem Zinn zu verfolgen, das dann um den Hals gehängt werden kann. Es sorgt für die wohltuenden Einflüsse dieses Planeten während seines ganzen Tages.

Charaktere von Jupiter

Am Donnerstag auf einem dünnen Blatt reinem Zinn zu verfolgen, das später während aller esoterischen und alchemistischen Riten, die Jupiter vorbehalten sind, erfolgreich verwendet werden kann.

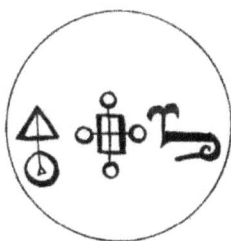

Siegel des Jupiter

Am Donnerstag auf der Lünette eines Rings aus reiner Dose nachzuzeichnen, den Sie dann auf Ihren Finger legen können. Die Tugenden dieses Siegels addieren die des Talismans und ähnlicher Charaktere.

Talisman der Venus

Am Freitag auf einem reinen Kupfermedaillon zu verfolgen, das dann um den Hals gehängt werden kann. Es sorgt für die wohltuenden Einflüsse dieses Planeten während seines ganzen Tages.

Charaktere der Venus

Am Freitag auf einer dünnen Platte aus reinem Kupfer zu verfolgen, die später bei allen der Venus vorbehaltenen esoterischen und alchemistischen Riten erfolgreich eingesetzt werden kann.

Siegel der Venus

Am Freitag ist auf der Lünette eines reinen Kupfers nachzuzeichnen, das Sie dann auf Ihren Finger legen können. Die Tugenden dieses Siegels addieren die des Talismans und ähnlicher Charaktere.

Saturn Talisman

Am Samstag auf einem Medaillon aus reinem Blei zu verfolgen, das dann an den Col Lo gehängt werden kann. Es sorgt für die wohltuenden Einflüsse dieses Planeten während seines ganzen Tages.

Charaktere des Saturn

Am Samstag auf einer dünnen Platte aus reinem Blei zu verfolgen, die später während aller esoterischen und chemischen Riten, die für Saturn reserviert sind, erfolgreich verwendet werden kann.

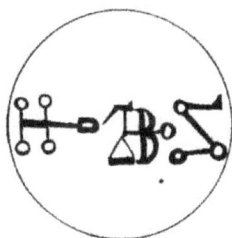

Siegel des Saturn

Am Samstag auf der Lünette eines reinen Bleirings nachzuzeichnen, den man dann auf den Finger legen kann. Die Tugenden dieses Siegels addieren die des Talismans und ähnlicher Charaktere.

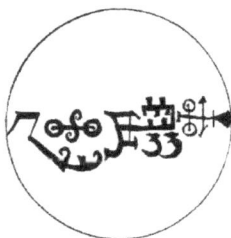

Kapitel Ivo

Geheimnisse der Dämonologie

Medaille des Hl. Benedikt

Diese Medaille, einst sehr beliebt, behält immer noch all ihre mächtigen Tugenden; es ist sehr effektiv gegen dämonische Angriffe, die Versuchungen von Albträumen und Succubi, es regt zu Ausdauer und Glauben an, es schützt vor Abulìa und Verzweiflung. Es kann in jedem Nicht-Edelmetall geprägt werden, noch besser, wenn es mit Blau und Grau emailliert ist; Aber natürlich wird eine Medaille, die von einem heiligen Mönch gespendet wurde, effektiver sein.

Erläuterung der auf der Medaille eingravierten Eigenschaften:

An der Spitze befindet sich I.H.S. (JESUS HOMINUM SALVATOR);
In den vier Kreisen befindet sich C.S.P.B. (CRUX SANCTI PATRIS BENEDIKTIKT);

Entlang des Kreuzes gibt es jedoch diese Anordnung:

C

S

N D S M D

M

L

Entlang der senkrechten Linie befindet sich C. S. S.M. L.
(CRUX SACRA SIT MIHI LUX): Möge das Heilige Kreuz mein
Licht sein.
Entlang der horizontalen Linie befindet sich n. d . S.M. D.
(NON DRACO SIT MIHI DUX): Der Drache ist nicht mein
Mündel.
Entlang des Kreisrandes lesen wir in der Ordine:

V. R. S. N. S.M. V.

S.M. Q. L. I. V.B.

Was bedeutet das: GEH RETRO, SATAN, NICHT
SUADE MIHI VANA SUNT MALA
QUAE LIBAS, IPSE, VENENA BIBAS.
(Geh weg, Satan, versuche uns nicht in Versuchung
mit Eitelkeiten; es ist schlecht, was
Verse, trink deine Gifte.)

Solche Wahrheiten können auswendig gelernt und in
allen Momenten strenger Notwendigkeit angemessen
rezitiert werden.

Kreuz des heiligen Sacharja gegen die Pest

Zeichnen Sie das folgende Kreuz auf einem jungfräulichen Pergament oder auf einer Tiermembran oder auf handgeschöpftem Papier nach:

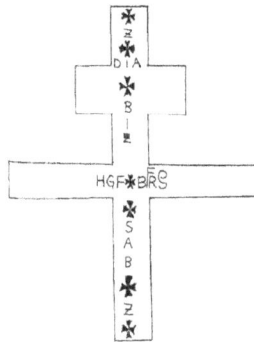

Erläuterung der Charaktere:

Eine .Z. Ein .D.I.A. zu .B.I.Z. Eine .S.A.B. Eine .Z. Ein .H.G.F. zu .B.F.R.S.

A. Crux Christi rettet mich.
Z. Zelus domus tuae liberet me.
A. Crux vincit, Crux regnat, Crux imperat, per signum Crucis libera me Domine ab hac peste.

D. Deus, Deus meus, expelle pestem a me, et a loco isto, et Befreie mich.

I. In manus tuas, Domine, commendo spiritum meum, cor, et corpus meum.

A. Ante Coelum, et Terram Deus erat, et Deus potens est libera me ab ista peste.

A. Crux Christi potens est ad expellendam pestem ab hoc loco, et a corpore meo.

B. Bonum est praestolari auxilium Dei silentio, ut Expellat pestem zu mir.

I. Inclinabo cor meum ad faciendas justificationes tuas; ut non confundar, quoniam rief dich an.

Z. Zelavi super iniquos, pacem peccatorum videns: Du hast für dich gehofft.

A. Crux Christi fuget Daemonos, aerem corruptum, et Pestem expellat.

S. Salus tua ego sum, dicit Dominus. Clama ad me, et ego exaudiam te, et liberabo te ab hac peste.

A. Abyssus abyssum invocat, et voce tua expulisti Daemone; libera me ab hac peste.

B. Beatus vir, qui sperat in Domino, et non respexit in Vanitates, et insanias falsas.

A. Crux Christi, quae antea fuit in opprobrium, et Contumeliam, et nunc in Gloriam, et nobilitatem, sit mihi in salutem, et expellat a loco isto Diabolum, et Aerem Corruptum, et pestem a corpore meo.

Z. Zelus honoris Dei convertat me antequam moriar, et in nomine tuo salva me ab ista peste.

A. Crucis signum liberet populum Dei, et a peste eos, qui confidant in eo.

H. Haeccine reddis Homino, popule stulte? Redde vota tua offerens sacrificium laudis, et fide illi, quia potens est istum locum et me ab hac peste libera, quoniam qui confidunt in eo non confundentur.

G. Gutturi meo, et faucibus meis adhaereat lingua mea, Si non benedixero tibi: libera sperantes in te: Ich vertraue, libera me Deus ab hac peste, et locum istum, In quo nomen tuum invocatur.

F. Factae sunt tenebrae super universam Terram im Tod tua, Domine Deus meus: fiat lubrica, et tenebrosa Diaboli potestas, qui ad hoc venisti, Fili Dei vivi, ut löst die Oper Diaboli auf; Expelle tua potentia a loco isto, et a me servo tuo pestem istam; discedat aer Corruptus zu mir in Tenebras Äußeren.

A. Crux Christi defende nos, et expelle a loco isto pestem, Et servum tuum libera a peste ista, qui benignus es, et misericors, et multae misericordiae, et verax.

B. Beatus, qui non respexit in vanitates, et insanias falsas, in die mala liberabit eum Dominus: Domine in te Sie hofften, befreien Sie mich ab hac peste.

F. Factus est Deus refugium mihi: quia in te speravi, libera me ab hac peste.

R. Respice in me, Domine Deus meus Adonai, de sede sancta Majestatis tuae, et miserere mei, et propter misericordiam tuam ab ista peste libera me.

S. Salus mea tu es, sana me, et sanabor, salvum fac, Et salvus ero.

Deus Omnipotens bonarum virtutum dator, et omnium benedictionum largus infusor, supplices te rogamus, ut manibus nostris opem tuae benedictionis infundas, et hos characteres, et litteras, ad alligandos Daemones, morbosque pellendos tua revelatione praeparatos virtute Sancto Spiritus benedicere digneris, et omnibus eis utentibus sanitatem mentis, et corporis, et gratiam sanctificationis benignus concede, ut in conspectu tuo sancti, et immaculati, atque irreprehensibiles appareant, et insidias latentis inimici per auxilium misericordiae tuae Clementer effugiant. Für Dominum nostrum Jesus Christum!

Exorzismus des heiligen Sacharja

Maledicti, et excommunicati, et blasphemi Daemones, in virtute verborum istorum,

MESSIAS,
EMMANUEL
SABAOTH,
ADONAY
ATHANATOS ISCHYROS
ELEISON IMAS
IRIOS TETRAGRAMMATON

Vos constringimus, vos privamus, vos expellimus de hac civitate, et loco et dominus ejus, et praecipimus vobis, ut non habeatis potestamen per pestem nocere corporibus habitantibus in ea: ite, ite, ite statim in stagnum ignis, ite statim ad loca vobis deputata, et non amplius habitatores hujus loci occidatis.

Imperat vobis Deus Pater A
imperat vobis Deus Filius A
imperat vobis Deus Spiritus Sanctus A
imperat vobis Sanctissima Trinitas A
unus Deus.

Descendendite maledicti Daemones in nomine Domini nostri Jesu Christi, qui venturus est judicare vivos, et mortuos, et saeculum per ignem!

Siegel des Erzengels Michael

Es schmilzt am Tag seines Festes in reinem Silber, es wird mit einem grünen Seidenband hinter der Eingangstür der neuen Häuser aufgehängt. Sein positiver Einfluss auf Familien, besonders wenn sie jung sind, wird festgestellt; Darüber hinaus hält die Kraft des Siegels die Elementargeister, den Neid und alle möglichen Abrechnungen kleiner und mittlerer Ordnung fern.

Segnung der von bösartigen Anwesenheiten befallenen Häuser, um die Entfernung derselben zu erreichen

Inclina, quaesumus Domine, aures tuas ad preces nostras, quibus te humiliter deprecamur, ut locum istum
(vel domum istam)
Eure Benediktioni impleas, et efficias, tu in eo
(vel domum istam)
sit sanitas, castitas, victoria, virtus, humilitas, bonitas, mansuetudo, plenitudo, legis, confidentia in nomine tuo, et gratiarum actio tibi Deo trino, et uno; neque contra eum
(vel contra eam)
Amplius prevalee possit teterrimus daemon; nec possint habitatores ejus a Daemonum illusionibus, praestigiis, incantationibus, maleficiis, apparitionibus, infestationibus, ac vexationibus perturbari; sed omnes sentiant in eo
(vel in ea)
tuam omniptentiam in hac sacerdotali benedictione concurrisse, qua potenter eripiantur, liberentur ac praeserventus ab omnibus Diabolicis insidiis, molestiis, atque nequitiis, et a quocumque malo mentis, et corporis. Für Christum Dominum...

Visit, quaesumus Domine, habitationem istam, et omnes insidias inimici ab ea longe repelle. Angeli tui sancti habitent in ea, qui habitantes in pace custodiant, et benedicto tua sit super eos semper. Exaudi nos, Domine Sancte, Pater Omnipotens, Aeterne Deus, et mittere digneris sanctum Angelum tuum de coelis, qui custodiat, foveat, protegat, visitet, atque defendas omnes habitantes in hoc habitaculo. Für Christum Dominum nostrum!

Talisman gegen die Succubi

Es sollte mit Minio-Pulver in den vier Ecken des Schlafzimmers in einem Zwischenabstand zwischen Decke und Boden verfolgt werden. In den ersten Nächten muss das Bett genau in die Mitte des Zimmers verschoben werden; Später, wenn Sie eine Verlangsamung und dann das Aussterben des Phänomens von Succubato bemerken, können Sie das Bett wieder in seine ursprüngliche Position bringen, aber die Talismane immer noch für einige Zeit verfolgen, nur zu Vorsichtszwecken.

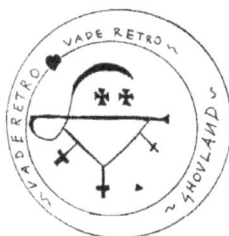

Ich schwöre gegen die Dämonen

Adjuro vos omnes immundi spiritus, cogo, et compello per eum qui erat, et qui est, et qui venturus est; qui creavit, ed redemit nos suo Sanguine, per Crucem, Mortem, Sepulturam, et Resurrectionem suam: qui hic praesens, et ubique est; et per nomen ejusdem Domini Nostri Jesu Christi, et Beatissimae Virginis Mariae Matris ejus et n ostrae per gratiam, ut hinc statim recedatis; nec creaturam istam sanguine Domini Nostri Jesu Christi redemptam, tentationibus, et fraudibus, nunc, et usque in finem molestare audeatis. Abite ad loca vobis a Divina Justitia destinata, non amplius redituri, sub poena immersionis in stagnum ignis, et sulphuris per manus inimicorum vestrorum, et sub poena maledictionis aeterna incurrenda; et propterea ligo vos in loco, in quem vos relegavit Altissimus.

In Nomine Patris A
et filii A
et Spiritus Sancti A
et illorum Sanctorum,
qui sedent gloriosi in sedibus, unde vos miserrimi juste
expulsi estis.
In Nomine Jesu Christi Crucifixi A
In Nomine glorosissimae virginis Mariae discedite omnes maledicti
Daemones, et adversarii hujus famuli.
Potentia Dei Patris A
Virtus Spiritu Sancti A
te benedicat, te custodiat, te defendat, nunc, et semper
usque in finem tuae vitae.
Imperialis majestas te benedicat A
Regalis Divinitas te protegat A
sempiterna Deitas te custodiat!

Ich schwöre gegen die Dämonen der Stürme

O Angeli Tartarei, qui in hoc caliginoso aere habitatis detrusi, ubi repercussio radiorum solis pertingere non potest: sed in continua obscuritate poenantes, tonitrua, grandines, nives, fulgura, pruinam, et tempestates diversas movetis,

In nomine Sanctissimae Trinitatis, Patris A
et filii A
et Spiritus Sancti A
vos conjuro A

fugo, et praecipio, ut rabies vestras maledictas, et tempestates has, sive per maleficorum incantationes sint, sive a sola vestra iniquitate, et invidia, sine alicujus rei nocumento a nobis, et a tota regione Christianorum auferatis, et sicut pulvis et folia ante faciem venti, sicut lanugo, et stipula evanescunt, quae a vento rapitur, et eo modo, quo ascendente Jesu ad Coelos,   Confusi praecipites fugistis, et eas praecipitetis in saxosis montibus, in cavernis, et locis aridis, et desertis. Fugite ergo, nam empire vobis,

per unitatem essentiae Dei A
per aequalitatem personarum Dei A
für Immensitatem Dei A
für incommutatem Dei A
für Unverständnis Dei A
für infinitatem Dei A
for immutabilitatem Dei A
for simplicitatem Dei A
für ausgezeichnetiam Dei A
für bonitatem Dei A
per notionem Dei A
for ineffabilitatem Dei A
zu clementiam Dei A
für Charitatem Dei A
per amorem Dei A
für potentiam Dei A
für sapientiam Dei A
per virtutem miracolorum Dei A

per scientiam Dei A
für voluntatem Dei A
für justitiam Dei A
per misericordiam Dei A
per splendorem Dei A
et per majestatem Dei A
Fugite Partes adversae!
Conjuro vos Angli nigerrimi, et fugo A
für Incarnationem Domini Nostri Jesu Christi A
für Adventum ejus A
für Nativitatem ejus A
für Baptismum ejus A
per sanctum Jejunium ejus A
Per Columnam ad quam fuit ligatus et flagellatus A
für Spineam Coronam, et clavos et lanceam ejus A
für Crucem et acerbissimam Passione ejus A
per testamentum, in quo discipulum Matri, et Matrem discipulo
commendavit A
per emissionem Spiritus ejus A
für Sepulturam ejus A
per descensionem et spoliationem Inferni A
für Resurrectionem Sanctissimam ejus A
per missionem Spiritus Sancti in discipulos A
per adventum ejus in die Judicii!
Fugo vos, per hoc signum Sanctae Crucis A
in nomine Dei Patris A
extermino vos per Crucem admirabile signum,
in nomine Dei Filii A
dissipo vos per Crucem signum aeternae confusionis vestrae, in
nomine Dei Spiritu Sancti A
Disperdo vos per Crucem, in qua fides nostra consistit.
Im Termin Patris A
Destruo vos per Crucem torcular
quo Sanguis Christi exprimitur
In Terminen Filii A
Annihilo vos per Crucem triumphum redemptionis nostrae, In
nomine Spiritus Sancti A
Consumo vos per Crucem, clavem Paradisi in nomine Patris
Confunso vos per Crucem, in qua praetium nostrum pependit et
regnum,
in Ernennungen Filii A
Irrumpo vos per Crucem morsum Sathanae,

et Angelorum ejus,
In nomine Spiritus Sancti A
Liquefacio vos per Crucem,
Perpetuum scutum Christianorum.

Exorzismus gegen
die Dämonen der Stürme

Ein

I.H.S.

In Nomine Jesu Christi, vobis Daemonibus quibuscumque, et omnibus Vestris detestabilis Ministris. Si partem aliquam modo quocumque excogitabili habetis, et tenetis in Aere, sive in Nubibus, praecipio, ut cito tamquam Fulgura recedatis ab ipsis, nullo modo noccendo quibusvis Fructibus Terrae, Arboribus, Montibus, Vallibus, Maribus, nullisque omnimode Creaturis in Navibus, sive extra existentibus;

sed for Omnipotentiam Absolutam Patris A
für Sapientam Increatam Filii A
et per Virtutem Altissimam Spiritus Sancti A
ab omnibus Sortilegiis, Veneficiis, Incantationibus, Pactibus, et Artibus ictu oculi fugiatis. Et Ego tanquam Minister Jesu Christi, et Ecclesiae,

Evello A

Extirpo A

Dissolvo et Annihilo A

omnes nocentes Nubes, et vestra omnia Diabolica. Nec audete omnino Vos Maledicti in Sublunari quocumque loco, Tonitrua, Fulgura, Sagittas, Pluvias, Tempestates, Terraemotus, Ventos, nullaque turbatura Creaturis inferre; sed a Majorem Dei Omnipotentis Gloriam, Credentium soliditatem, et Infidelium confusionem sequatur effectus in istanti, Me per Apostolicam potestatem Imperante, et vobis quibuscumque Obedientibus, in Nomine Sanctissimo Jesu.

Per misericordiam pissimam Jesu Christi Domini Nostri, et per usa ineffabilem Pietatem, ac Clementiam, et per Gloriosissimam Intercessionem Beatissimae Virginis Mariae, Sanctissimi Patris Benedictii, et Merita omnium Sanctorum et Sanctarum: Quaeso dignetur Dominus nobis servare omnes Fructus Terrae, et liberare nos a Tonitruis, Fulgoribus, Sagittis, Pluviis, Tempestatibus,

Terraemotibus, Ventis, et ab omnibus Nocituris, tam Dialolica, quam Naturali contextis per Nomen Sanctum suum, quod est Salus, et Redempio nostra.

Exorzismus gegen Dämonen,

des Inquisitors Benedetto Vidali

Ein

I.H.S.

In nomine Jesu Christi, vobis Daemonibus quibuscumque, si partem
aliquam modo quocumque excogitabili, et quovis in loco, in corpore
istius Creaturae, sive extra corpus tenetis, et habetis, praecipio, ne ei
noceatis, et cito, tanquam fulgura recedatis ab ipsa, eam relinquendo
in puris naturabilus, sicut a Deo creata est.

Itaque per Omnipotentiam absolutam Patris A
für Sapientiam Increatam Filii A
für virtutem altissimam Spiritus Sancti A

omnia Sortilegia, Veneficia, Incantationes, partes et artes, in quibus
vos Spiritus maledicti, sive vestri omnes Ministri, qui vobiscum pacta
tenent, evello, et extirpo, nec amplius audete infestare, vexare, nec
perturbare omnino eam. lta fiat, et sequatur effectus in istanti, Me
per Apostolicam potestatem Imperante, Eo credente, et Vobis
quibuscumque obedientibus. In Ernennungen Sanctissime Jesu.
Per Misericordiam piissimam Jesu Christi Domini Nostri, et per
suam ineffabilem pietatem, ac clementiam, et per Gloriosissimam
Intercessionem Beatissimae Virginis Mariae, Sanctissimi Patris
Benedicti, et meritis omnium Sanctorum, et Sanctarum, quaeso
dignetur Dominus me libera ab omni Febre, Dolore, et Malo,
Infestationeque universa Diabolica, et donar salutem Animae, et
corporis mei.

Exorzismus gegen Vampire, der Bauern

von Rumänien

O Herr, hilf uns,
Santa Maria
Heilige Mutter Gottes
Warum xxx (Aussprache des Namens des Vampirisierten)
begann auf der Straße, entlang des Weges,
auf der großen Straße,
wo er die Mächtigen traf,
Der Vampir.
Die Mutter Gottes erschien auf dem Weg:
stop, stop,
trinke sein Blut nicht,
Nimm nicht seine Kraft,
Zerreiße nicht sein Herz,
Lass es keusch und rein.
Wie ein reines Ei
so wie Gott es getan hat.
Flucht, großer Fluch,
Flucht, kleiner Fluch,
dem Fluch der Neun Malìe entkommen,
Denn wenn du nicht aus eigenem Willen fliehen willst
Sie werden mit Gewalt fliehen:
Ich werde dich mit dem Messer aufspießen,
Ich werde dich mit Eisen durchbohren,
Ich werde dich ins Feuer werfen,
und da sollst du sterben,
wie Tau in der Sonne,
wie ein Wurm unter deinen Füßen.
Gehen Sie in die verlassenen Berge
wo der Hahn nicht kräht,
dort verschwinden
und dann stirbst du wieder.

(Dieser Exorzismus wird neunmal von einer einzigen Person rezitiert, die am Ende jeder Lesung sofort drei heiße Kohlen in einem Süßwasserbecken löschen muss. Am Ende der neunten Aufführung muss der Vampirisierte das Wasser trinken.)

Talisman gegen Vampire

Ursprünglich aus Osteuropa. Es muss von einem alten Mann gegeben und ständig um den Hals getragen werden, mit einer roten Samtschnur. Reproduktion der Vorder- und Rückseite:

Talisman gegen Lilith

Das Design wird auf einer sich verjüngenden Sauenhaut von großem Wert und großartigem Aussehen nachgezeichnet, wobei die Spitze eines sehr dünnen und scharfen Stilettos mit schwarzem Griff verwendet wird, der in die rote Farbe der Gemüseextraktion getaucht ist. Alles wird dann auf ein Medaillon aus reinem Eisen geklebt, durch drei Tropfen Eichenmistel, wobei mit besonderen Gebeten die Hilfe des Engels, des Heiligen der Macht, angerufen wird, dessen Namen es trägt. Dieser Talisman sollte auf drei Arten getragen werden, immer in Kontakt mit der Haut: auf der Stirn, mit einer grünen Seidenband-Haarspange; auf dem Herzen, mit einer roten Schnur, die vom Hals hängt; am Bauchnabel, mit einem Gürtel aus reinem Leinen, gestreckt um die Hüften. Auf jeden Fall wird Lilith, Königin der Vampire, sich gut fernhalten.

Tiere vom Bösen befreien

Omnipotens sempiterne Deus,
Qui ab origine mundi creans hominem ad imaginem, et
similitudinem tuam, ad ipsius usum, et levamen fecisti etiam animam
viventem super terram in genere suo, jumenta, equos, boves, oves,
caeteraque animalia, et bestias terrae juxta species suas: te humiliter
deprecamur, ut hoc animal
(vel ut haec animalia)
Liberare digneris a quocumque maleficio, ligatura, signatura,
Festatione daemonis, ac ministrorum ejus, et a qualibet lue, peste, ac
morbo contagioso, ut tradita Dei
(vel eis)
Sanitär, deservire possit,
(vel possint)
ad usum domini sui, qui in ecclesia tua gratiarum tibi referrat
actiones. Qui vivis, et regnas in saecula saeculorum.

Tierfutter vom Bösen befreien

Omnipotens aeterne Deus

Qui producis foenum jumentis, et herbam servituti hominum, quique aperis manum tuam, et imples omne animal benedictione, dans escam omnibus in tempore opportuno; exaudi preces servorum tuorum, et super hoc foenum, pascua, salem, et aquam,

tuam sanctissima A

Benedictionem infundre digneris, ut quaecumque animalia ex eis sumpserint, ab eis discedant omnes insidiae latentis inimici, liberentur, ac praserventur ab omni maleficio, noxa et infestatione daemoniaca, et a quamcunque lue, peste, ac morbo contagioso: et illis tua divina virtute adjudicatis, atque protectis, eorum domini, ac custodes gratiarum tibi in ecclesia tua referant actiones. Per Christum Dominum nostrum.

Exorzismus gegen Erdwürmer, Mäuse und alle anderen schmutzigen Bestien

Preces nostras, quaesumus Domine, elementer exaudi: ut qui juste pro peccatis nostri affligimur, et hanc avium, vermium, seu murium, aut locustarum, vel aliorum animalium persecutionem patimur, pro tui nominis gloria ab ea misericorditer liberemur, ut procul a tua potentia expulsi, nulli noceant; et hos campos, agros, vel vineas, aut aquas in tranquillitate, et quiete dim ittant, quatenus ex eis surgentia, et orta tuae majestati deserviant, et nostrae necessitati subveniant. Per christum dominum nostrum.

Omnipotens sempiterne Deus, omnium bonorum remunerator, et peccatorum maximus miserator, in cujus nomine omnia genuflectuntur coelestia, terrestria, et infernalia: tua potentia nobis peccatoribus concede, ut quod de tua misericordia confisi agimus, per tuam gratiam efficacem ejus consequamur effectum; quatenus hos pestiferos vermes, vel mures, vel aves, vel locusta s, vel alia animalia, per nos servos tuos, curdicando maledicas, segregando segregas, exterminando extermines, ut per tuam clementiam ab hac peste liberati gratiarum actiones majestati tuae libere referamus. Per christum dominum nostrum. Exorcizo vos pestiferos vermes, mures, aves, seu locustae, aut alia animalia,

zu Deum Patrem A
Allmächtigem, für Jesum Christum Filium ejus A
zu Spiritum Sanctum A

Ab utroque procedentem, ut confestim recedatis ab his campis seu vineis, vel agris, nec amplius in eis habitetis, sed ad ea loca transeatis, in quibus nemini nocere possitis, pro parte Omnipotentis Dei, et totius curiae coelestis, et Ecclesiae sanctae Dei vos maledicentis, quod quocumque iveritis, sitis maledicti, deficientes de die in diem in vos ipsos, et decrescentes, quatenus reliquiae de vobis in loco inveniantur, nisi necessarie ad salutem, et usum humanum. Quod praestare dignetur, qui venturus est judicare vivos, et mortuos, et saeculum per ignem.

Feldtalisman

Dieser mächtige Talisman, der mit Pflanzenfarben auf ein Blatt Schafspapier gemalt ist, kann auf den Feldern, an Obstbäumen aufgehängt werden, um Infektionen zu verhindern, an Landkreuzungen, um Hexen und Selbstmordseelen wegzuschicken, an öffentlichen Brunnen, um Infektionen zu verhindern, an der zerstörten Mu verlassener Häuser, um sie nicht zu Beute wandernder Geister oder giftiger Bestien zu machen.

Für den Regenfall

Riga, Deus, montes de superioribus tuis.
Et de fructu operum tuorum
satiabitur terra.
Aperi, Domine, coelum nubibus.
Et para terrae pluviam
Ut producat in montibus foenum.
Et herbam servituti hominum.
Domine exaudi vocem meam.
Und Geschrei...
Dominus vobiscum.
Et spiritu tuo.

Deus, in quo vivimus, movemur, et sumus, te supplices deprecamur, ut terrae congruentem pluviam tribuere dignersi, ut, praesentibus misericordiae tuae auxiliis sufficienter adjuti, sempiterna fiducialius appetamus.

Deus, qui conspicis, quia nos undique mala nostra perturbant, concedes, quaesumus, ut Beatissimae Virginis genitricis Filii tui Mariae, et beatorum martyrum tuorum Johannis, et Pauli, atque beati n. aliorumque sanctorum Patronorum nostrorum intercessio gloriosa nobis succurrat.

Praesta, quaesumus, Omnipotens Deus, ut qui in afflictione nostra de tua pietate confidimus, contra omnia adversa tua semper protectione muniamur. Per Dominum nostru Jesu!...

Auf den Rosen, der Rue und dem Öl von Absintio

Domine Sancte, Pater Omnipotens, aeternae Deus, qui dixisti germinet terra herbam virentem, et facientem semen, et lignum pomiferum, faciens fructum juxta genus suum, sic propter Nomen sanctuum tuum magnum, et glorificatum in Terra, et in Coelo, pone dexteram tuam plenam larga Benedictione super has herbas (n.b. toccarle) et reple eas cunctis Benedictionibus, prout ego n. sacerdos tuus in tuo Sanctissimo Nomine Jesu, et servi tui Ubaldi,

eas exorcizo A

Ich segne A

et sanctifico A

ut ubicumque collocatae fuerint, sive in dominus, sive in lectis, vel in cubiculis, vel super se habuerit obsessus, vel adoraverit, vel si quis fuerit ex his fumigatus, vel in balneo lotus, vel in quibus cumque locis fuerint, per omnipotentiam tuam, et passionem Filii tui, et Domini nostri Jesu Christi, elongetur ab eis omne malum, omne periculum, omnes virtutes, et opera Sathanae, et ego per eum, qui dat herbam servituti hominum, has herbas (n.b. toccarle)

Ich segne A

et sanctifico A

ad fugandos Daemones, et ad destruendum omne maleficium, et ad annihilandum incantamentum, ligamen, facturas, et omnia opera Sathanae a corporibus hominum, et a quibusvis locis, ombe opus Diaboli factum, vel faciendum; ita ut ibi nulla habitatio, nulla virtus Diaboli sint in herbis, sed in nomine Jesu, et Sancti Ubaldi, quorum nomen, et virtutem invoco, super has herbas; recedant confusi maledicti, vadant in barathrum, et omnibus operibus suis haerreticalibus, et inhabitent Sancti Angeli Dei, ut recipiant sanctitatem.

Siegel der Feen

Dieses Siegel wird mit pflanzlicher Tinte (z. B. Brombeersaft) auf einer Kartusche aus jungfräulichem Pergament verfolgt, die dann an Orten versteckt wird, an denen die Anwesenheit von Feen vermutet wird: Baumstämme, felsige Zwischenräume, Moosschulen, Rosengärten usw. Dieses Siegel, bis es entfernt wird, wird dazu dienen, das mögliche Interesse der Feen für Ihre Aktivitäten abzulenken und die Ruhe in Parks und Gärten wiederherzustellen, wo Kinder ohne Gefahr spielen können.

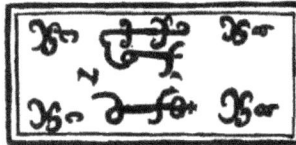

Ewige Axa

Dieses sehr einflussreiche Siegel muss in die Fundamente neuer und isolierter Häuser gelegt werden, die in der offenen Landschaft, in der Nähe von Wasserstraßen oder unter felsigen Bann gebaut wurden. Die Zeichnung wird auf einem flachen und harten Stein gezeichnet, wobei ein Stab aus schwarzem Siegelwachs verwendet wird, der zuvor in halbflüssiges Salz eingetaucht wurde. Und ihr werdet darauf achten, diesen Stein am ersten Tag des Jahres mit euren eigenen Händen, ohne die Hilfe von irgendjemandem, in das Fundament zu legen und darauf zu achten, keine Zeugen zu haben.

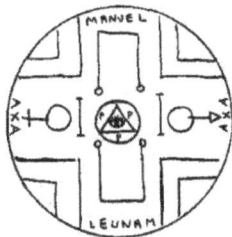

Axa Meth

Für dieses Siegel gelten alle bereits für die Axa Eterna genannten Bau- und Verlegeregeln, nur durch eine völlige Änderung der territorialen Nutzung. Tatsächlich weitet die Axa Meth ihren wohltuenden schützenden Einfluss in großen Gebäuden, in Stadtpalästen aus, wo dieser unvorstellbare Brauch längst verloren gegangen ist, dass es gut sein wird, sich zu verbreiten, wenn auch mit äußerster Vorsicht.

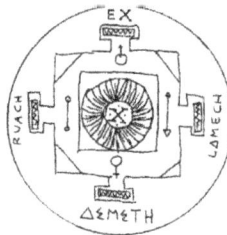

Fünftes Kapitel

Hochmagische Rituale

Dispersions-Pentakel

Si zeichnet die Zeichnung mit grüner Tinte (gewonnen aus dem Saft von Myrte, Eisenkraut oder Lauroceraso) auf einem Stück jungfräulichen Pergaments nach, das dann auf den Kopf gestellt auf die Rückseite eines ovalen Spiegels geklebt wird, der zuvor mit Wasser und Salz gewaschen wurde. Sie stellen den Spiegel dann in den Keller des Hauses oder unter Ihr Bett oder hinter den Spiegel, in dem Sie normalerweise spiegeln. Dieses Pentagramm hat die Tugend, die meisten bösartigen Schnäbel zu zerstreuen, von denen die ersten Symptome zu spüren sein sollten.

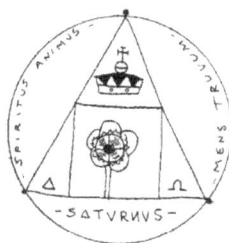

Pentakel von Uksar

Das Pentakel von Uksar hält darin die Dämonen gefangen, die er in keiner Weise aus einem Spukhaus vertreiben konnte. Seine Verwendung ist daher nur in extremen Fällen ratsam. Das Pentagramm wird sorgfältig mit schwarzer (der Kreis) und roter (der Rest) Tönung verfolgt, am Samstagabend in den Kellern; oder, in Ermangelung der Keller, in einem Raum des Hauses, frei von Möbeln, und der mindestens ein Jahr lang verschlossen bleiben muss; Nach dem Jahr wird die mögliche Anwesenheit oder Abwesenheit von Dämonen festgestellt und entsprechend an andere Praktiken angepasst.

Weißes Pentacle

Auch Pentacle der Initiation genannt. Es wird in seinen Kreis gestellt, mit grobem Salz verfolgt, das Kind, das Sie als Ihren Adepten und Nachfolger wählen möchten, und arbeitet an ihm mit Schutzritualen verschiedener Zeichen und Natur, die von Region zu Region variieren, während der gemeinsame Fonds der Ehrlichkeit und der Initiationsgeheimhaltung immer konstant bleibt.

Oberes Pentakel

Es wird mit großer Vorsicht nur in den Ritualen der Hohen Magie verwendet, wo der Bediener darauf geachtet hat, die pflichtbewussten Fasten, Waschungen und Begasungen durchzuführen, die allen Meistern gut bekannt sind. Durch dieses Pentagramm, das mit den sieben Farben des Regenbogens nachgezeichnet ist, ist es möglich, die Höchsten Kräfte der ultrasensiblen Welt zu beschwören, um ihre Hilfe und ihren Trost anzurufen.

Pentacle des Prinzips

Es wird nur von den Meistern während der Rituale der Hohen Magie verwendet; Es kann als eine Art Lücke zwischen unserer Dimension und der der ultrasensiblen Welt definiert werden. Es wird mit metallischen Farben und Projektionen verfolgt, die den einzelnen beschrifteten Planeten entsprechen, und was die zu befolgenden Anrufungen betrifft, können Sie leicht alle bereits bekannten Engel-iche-Hierarchien verwenden, in Übereinstimmung mit verschiedenen Zeiten und Bewegungen der Ausführung.

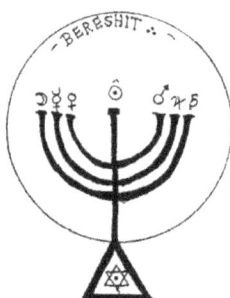

Zauberspruch der Götter beschwören

Diese magische Formel wurde von den römischen Generälen verwendet, um die Schutzgötter aus den verschiedenen Städten zu holen, bevor diese belagert wurden. Während der Beschwörung opfern die Tiere, indem sie ihre Eingeweide herausziehen, im Verhör und Opfer.

SI DEUS SI DEA EST CUI POPULUS CIVITASQUE (Aussprache den Namen der verhassten Stadt) EST IN TUTELA, TEQUE MAXIME, ILLE QUI URBIS HUIUS POPULIQUE TUTELAM RECEPISTI, PRECOR VENERORQUE VENIAMQUE A VOBIS PETO UT VOS POPULUM CIVITATEMQUE CARTHAGINIENSEM DESERATIS, LOCA TEMPLA SACRA URBEMQUE EORUM RELINQUATIS ABSQUE HIS ABEATIS, EIQUE POPULO CIVITATI METUM FORMIDINEM OBLIVIONEM INICIATIS, PRODITIQUE ROMAM AD ME MEOSQUE VENIATIS, NOSTRAQUE VOBIS LOCA TEMPLA SACRA URBS ACCEPTIOR PROBATIORQUE SIT, MIHIQUE POPULOQUE ROMANO MILITIBUSQUE MEIS PRAEPOSITI SITIS UT SCIAMUS INTELLIGAMUSQUE. SI ITA FECERITIS, VOVEO VOBIS TEMPLA LUDOSQUE FACTURUM.

Zauber der Übergabe an die Götter

Nach der zuvor erwähnten magischen Formel verwendeten die römischen Generäle diese andere Formel, um die verhasste Stadt, die sich ohne den Schutz ihrer Götter und daher wehrlos fand, in die rachsüchtigen Hände der Götter zu bringen.

DIS PATER VEJOVIS, MANES, SIVE QUO ALIO NOMINE FAS EST NOMINARE, UT OMNES ILLAM URBEM (sprich den Namen der verhassten Stadt aus) EXERCITUMQUE QUEM EGO ME SENTIO DICERE FUGA FORMIDINE TERRORE COMPLEATIS QUIQUE ADVERSUM LEGIONES EXERCITUMQUE NOSTRUM ARMA TELAQUE FERENT, UTI VOS EUM EXERCITUM EOS HOSTES EOSQUE HOMINES YOUR AGROSQUE EORUM ET QUI IN HIS LOCIS REGIONIBUSQUE AGRIS URBIBUSQUE HABITANT ABDUCATIS, LUMINE SUPERO PRIVETIS EXERCITUMQUE HOSTIUM URBES AGROSQUE EORUM QUOS ME SENTIO DICERE, UTI VOS EAS URBES AGROSQUE CAPITA AETATESQUE EORUM DEVOTAS CONSECRATASQUE HABEATIS OLLIS LEGIBUS QUIBUS QUANDOQUE SUNT MAXIME HOSTES DEVOTI. EOSQUE EGO VICARIOS PRO ME FIDE MAGISTRATUQUE MEO PRO POPOLO ROMANO EXERCITIBUS LEGIONIBUSQUE NOSTRIS DO DEVOVEO, UT ME MEAMQUE FIDEM IMPERIUMQUE LEGIONES EXERCITUMQUE NOSTRUM Q UI IN HIS REBUS GERUNDIS SUNT BENE SALVOS SIRITIS ESSE. SI HAEC ITA FAXITIS UT EGO SCIAM SENTIAM INTELLEGAMQUE, TUNC QUISQUIS VOTUM HOC FAXIT UBIUBI FAXIT RECTE FACTUM ESTO OVIBUS ATRIS TRIBUS: TE, TELLUS MATER, TEQUE, JUPITER, OBTESTOR.

Magischer Spiegel MaRsicano

Um es zu bauen, müssen Sie es in Kupfer schmelzen, in einem Stück, von normaler Größe. Einmal geprägt, müssen Sie es nehmen, noch warm, und rennen, um es im Land eines Waldes zu begraben, der nie von Menschen besucht wurde, und es dort für genau ein Jahr lassen. Starren Sie in mondlosen Nächten konzentriert auf den Spiegel, folgen Sie der Spirale der umgekehrt eingravierten Wörter mehrmals, flüstern Sie sie in einem spontanen Crescendo, beginnend mit dem ersten Kreis von unten, dann zum inneren Kreis und endend mit dem Griff von unten.

AMCUBRE LONIE TC II FUONRETSI / VERACUT. INAD. OSETUM. / LAIOTB III

Wenn du erkennst, dass sich die Dinge zu ändern beginnen werden, beschwöre mental die Person, die du in diesem Moment aus der Ferne beobachten möchtest, halte den magischen Spiegel mit deiner linken Hand und vertreibe die verdickte Restdunkelheit auf der Spiegeloberfläche mit deiner rechten Hand. Für Neulinge und für Menschen mit wenig Willenskraft ist eine sehr kurze Verwendung des Werkzeugs ratsam, die im Laufe der Zeit viel Lebensenergie von Ihrem Bediener absorbieren kann.

Ring gegen die Geister

Ein reiner Eisenring wird am ersten Dezembertag geschmolzen und dann in einem Weizenfeld vergraben. Der Ring wird am ersten Tag des folgenden Jahres wieder aufgenommen, wobei die gemeldeten Schriften eingraviert werden: die erste innen, die zweite außen. Der so erhaltene Ring wird seinen Träger (der die Möglichkeit haben wird, ihn zum kleinen Finger der linken Hand zu bringen) vor der bösen Gegenwart der Spukhäuser, vor den Geistern des Bösen und vor allen Blutflüchen der alten Bezirke schützen.

⊞ZARA·ZAI·DEZeveL

⊞·DEBAL·GVT·GVTTANI

Armband der Unsichtbaren

Was die Flüssigkeit dieses Armbandes so wunderbar machtist die Tatsache, dass es seinen Besitzer nicht nur unsichtbar macht, sondern ihm auch ermöglicht, all die unsichtbaren Dinge zu sehen, die uns normalerweise umgeben und von denen wir wenig oder gar nichts wissen. Das Armband muss während der Nacht des Heiligen Johannes in Kupfer, Bronze, Eisen und Silber gegossen und dann mit äußerster Sorgfalt wie gespalten graviert werden. Wann immer Sie es benutzen möchten, tragen Sie das Armband an Ihrem linken Handgelenk, drehen es siebenmal von außen nach innen und sprechen die entsprechende mi-Magie der sieben Planeten aus; Der Einfluss der Unsichtbarkeit wird etwas mehr als eine Stunde dauern und Sie dann als fassungslos zurücklassen.

Magic Circle zur Zerstörung von Rechnungen

Das einfachste und mächtigste Mittel, um gleichzeitig die Simulakra der Rechnungen zu zerstören und dann gleichzeitig die schädlichen Einflüsse der Rechnungen selbst aufzuheben, ist die Verwendung des magischen Kreises, auch Kreis der Macht oder Kreuz der vier Elemente genannt.

Sobald der Gegenstand, der als affturato gilt, vom Boden ans Licht gebracht wurde, muss darauf geachtet werden, dass er nicht vollständig vom Boden entfernt wird, so dass das Feld so weit wie möglich von Fremdelementen (wie Schotter, Abfällen, Kräutern usw.) ausgelöscht wird, wobei das Simulacrum der Rechnung in Ruhe gelassen wird.

Der Bediener wäscht seine Hände mit Wasser und Salz, und wenn die Spitze noch feucht von den Indizes ist, zeichnet er einen Kreis um das zum Licht gebrachte Simulacrum.

Im Norden des Kreises wird das Zeichen des Saturn verfolgt, das in der Erde irgendeinen Edelstein ruht, oder, in Ermangelung derselben, ein Fragment von Mineral oder einen kalten Stein, der zuvor mit seinem eigenen Speichel nass war. Im Süden des Kreises wird das Zeichen der Sonne verfolgt, das in der Erde jedes Stück Eisen ruht, besser als ein Blech aus reinem Metall oder eine Stahlkugel.

Westlich des Kreises wird das Zeichen des Mondes verfolgt, das auf der Erde einen reinen Silberring ausruht.

Östlich des Kreises wird das Zeichen des Merkur verfolgt, das einen Ring aus massivem Gold in der Erde ruhen lässt.

An der Nordspitze wird etwas Land an einem anderen Ort gegossen, vorzugsweise am Fuße einer alten Eiche oder anderer Bäume mit großem Stamm und alter Abstammung.

Am Südpunkt erhitzen Sie die Metallfolie mit Feuer, oder Sie erhitzen die Stahlkugel mit Ihrem eigenen Atem, heiser.

Auf dem West Point wird ein wenig Regenwasser oder Pfütze gegossen, wenn der Ort frei von natürlichen Quellquellen ist; In Gegenwart von Hühnern, Bächen usw. wird frisches Wasser verwendet.

Auf dem Ostpunkt legen Sie eine Vogelfeder, einen Duschkopf, einen Strohfaden oder irgendetwas anderes Licht, das vom Wind getragen wird; Und Sie werden es persönlich dreimal blasen.

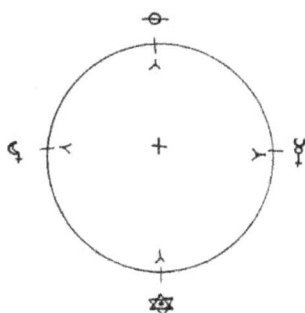

Abb. 1 – Magischer Kreis, der von den vier Türmen begrenzt wird, in denen die Elementarkräfte wohnen.

Erläuterung von Abb. 1

⊖

Norden; Magic Towerzum Bodenelement und Sitz von Gnomen. Seine Siegel sind die Edelsteine, und seine
Planet ist Saturn.

✡

Süden; Magischer Turm des FEUERELEMENTS und Sitz
von Salamandern. Sein Siegel ist eisern, und sein
Planet ist die Sonne.

☽

Westen; Magischer Turm des WASSERELEMENTS und Sitz der Wellen.
Sein Siegel ist silbern, und sein
Planet ist der Mond.

☿

OSTEN; Magischer Turm des LUFTELEMENTS und Heimat des
Sylphen. Sein Siegel ist Gold und sein Planet
es ist Merkur.

Ohne wertvolle Zeit zu verschwenden, werden wir dann fortfahren, auf dem Kreis zu zeichnen, der einige Zentimeter Luftlinie vom Simulacrum der Rechnung entfernt ist, ein Kreuz, das zuerst von Norden nach Süden und dann vom Westen nach Osten führt. Auf diese Weise wurde die schädliche Wirkung des Objekts, das für den "Verpackungsprozess" verwendet wird, unterbrochen.

Dieses Objekt präsentiert sich dann als ungeladene Waffe, während es immer noch eine Waffe bleibt; Daher haben Sie die Vorsichtsmaßnahme, ein Paar Handschuhe aus Segeltuch oder gewachstem Gummi zu tragen, um den Gegenstand der Rechnung aus dem T Erreno zu heben.

Dieses Objekt wird nicht verbrennen oder zerstören, sondern in vier verschiedene Teile zerstückelt, die mit voller Kraft in vier verschiedene Himmelsrichtungen geworfen werden, über dem verfolgten Kreis stehen und den Elementarkräften für den gewährten vorteilhaften Schutz danken.

In einigen Fällen ist es jedoch nicht ratsam, den deaktivierten Rechnungsgegenstand auf diese Weise und aus offensichtlichen Gründen wegzuwerfen. In Fällen von äußerst komplexen Rechnungen an den Tod und in Gegenwart besonders böser Menschen können die für die Rechnungsstellung verwendeten Objekte mit regelmäßigen Besuchen ihrer Moderatoren überprüft werden, um das traurige Ergebnis der so feigen bösen Kräfte zu überwachen.

Hypothetisch würde also bei einem dieser möglichen Kontrollbesuche (als ob er sagen wollte: Der Mörder kehrt immer, mindestens einmal, zum Tatort zurück) der Betroffene, der die materiellen Anzeichen seiner Arbeit des Affurings nicht mehr findet, sofort verstehen, dass er entdeckt worden war, und sich entsprechend anpassen, vielleicht mit der schnellen Vorbereitung eines weiteren Simulacrums per Rechnung, an einem anderen Ort...

Bei extrem aufwendigen und grausam abgeschlossenen Rechnungsprozessen tut der Betreiber daher gut daran, das Objekt der Rechnung auf seiner Website zu lassen, offensichtlich neutralisiert: So wird der Vermittler der Rechnung selbst die Neutralisierung nicht bemerken können, und es wird nicht mehr Gefahren geben als andere, wiederholte und neue Rechnungen.

Die Betreiber, die ihrer Pflicht treuer sind, aci del Vero zu folgen, verwenden auch, um das Objekt so neutralisiert negativ aufzuladen, um mit einer Rückentladung, Flammen und Blitzen zu treffen, der unglückliche Vermittler des Objekts selbst, anlässlich des möglichen, erinnern Sie sich an "Kontrollbesuche" ...

Abb. 2 – Magisches Siegel für die negative Belastung des neutralisierten Simulacrums der Rechnung.

Sechstes Kapitel

Die Robben des Nordens

Siegel von Demoriel

Demoriel ist der Kaiser des Magischen Turms des Nordens; steuert das Erdelement, die Heimat der Gnome. Seine Sigilli sind die Edelsteine, und sein Planet ist Saturn. Sein persönliches Siegel, das in goldener Farbe nachzuzeichnen ist, lautet wie folgt:

Siegel von Arnibiel

Erster der zwölf Fürsten von Kaiser Demoriel. Sein persönliches Siegel, das in silberner Farbe nachzuzeichnen ist, ist folgendes:

Siegel von Cabarim

Zweiter der zwölf Fürsten von Kaiser Demoriel. Sein persönliches Siegel, das in roter Farbe nachzuzeichnen ist, ist folgendes:

Siegel von Menador

Dritter der zwölf Fürsten des Kaisers Demoriel. Sein persönliches Siegel, das in weißer Farbe nachzuzeichnen ist, ist folgendes:

Burniel Siegel

Vierter der zwölf Fürsten des Kaisers Demoriel. Sein persönliches Siegel, das in schwarzer Farbe nachzuzeichnen ist, ist folgendes:

Siegel von Doriel

Fünfter der zwölf Fürsten des Kaisers Demoriel. Sein persönliches Siegel, das in blauer Farbe nachzuzeichnen ist, ist folgendes:

Siegel von Mador

Sechster der zwölf Fürsten des Kaisers Demoriel. Sein persönliches Siegel, das in violetter Farbe nachgezeichnet werden kann, ist folgendes:

Siegel von Carnêl

Siebter der zwölf Fürsten des Kaisers Demoriel. Sein persönliches Siegel, das in Indigofarbe nachzuzeichnen ist, ist folgendes:

Siegel von Dubilon

Achter der zwölf Fürsten des Kaisers Demoriel. Sein persönliches Siegel, das in grüner Farbe nachzuzeichnen ist, ist folgendes:

Siegel von Medar

Neunter der zwölf Fürsten des Kaisers Demoriel. Sein persönliches Siegel, das in blauer Farbe nachzuzeichnen ist, ist folgendes:

Siegel von Churibal

Zehnter der zwölf Fürsten des Kaisers Demoriel. Sein persönliches Siegel, das in gelber Farbe nachzuzeichnen ist, ist folgendes:

Siegel des Dabrinos

Elfter der zwölf Fürsten des Kaisers Demoriel. Sein persönliches Siegel, das in oranger Farbe nachgezeichnet werden kann, ist folgendes:

Siegel von Chamiêl

Zwölfter der zwölf Fürsten des Kaisers Demoriel. Sein persönliches Siegel, das in brauner Farbe nachzuzeichnen ist, ist folgendes:

Kapitel Sieben

Die großen Talismane

Talisman von Adhastor

Ein solcher Talisman, der auf die Wiege der Kinder gelegt wird, befriedet ihre Träume, vertreibt alle bösartigen Präsenzen, schützt ihr Wachstum vor allunnatürlichen Beschwerden. Der Talisman wird am Tag der Geburt des Kindes, dem Sie ihn geben möchten, in reinem Silber geschmiedet; Tatsächlich interagiert sein wohltuender Einfluss nur, wenn der Talisman verschenkt wird, und als Person mit einer gerechten und gottesfürchtigen Seele.

T alismano von Adonaidis

Dieser Talisman, der in ein Silbermedaillon oder ein emailliertes Goldjuwel gegossen wurde, verleiht seinem Träger einen unerschöpflichen Witz, ein brillantes Gespräch, beseitigt Schüchternheits- und Minderwertigkeitskomplexe und erhöht die menschlichen Fähigkeiten erheblich, hilft, soziale Beziehungen zu knüpfen und ein allgemeines Gefühl des Optimismus zu entwickeln.

Talisman gegen Schusswunden

Um diesen Talisman zu komponieren, benötigen Sie: ein Blatt jungfräuliches Pergament, rote Inchios tro, schwarze Tinte, Silber, verdünnt in destilliertem Wasser und Gummi arabicum, Goldstaub, eine geschlagene Silberplatte mit einem Durchmesser von sieben Zentimetern, Eichenmistelkleber, eine Tüte grüne Seide, eine grüne Seidenschnur, eine Knochenfeder.

Nehmen Sie nachts in einem abgelegenen und ruhigen Raum das notwendige Stück jungfräuliches Pergament vom Blatt. Zuerst zeichnen Sie den äußeren Kreis mit roter Tinte, dann zeichnen Sie den inneren Kreis mit der Silberlösung nach und achten darauf, dass die beiden Farben nicht mit einem einzigen Molekül in Kontakt kommen. Dann werden wir die zwölf Kästchen mit Silber zeichnen, die in Schwarz profiliert sind, sehr langsam und mit großer Sorgfalt; Die ganze Nacht muss es zur Erfüllung des Bedarfs verwendet werden.

Dann werden wir fortfahren, den Stern zu zeichnen, der jede Spitze einer anderen Farbe haben wird: vier rot und drei schwarz oder drei schwarz und vier rot.

In schwarzer Tinte gehen Sie dann weiter, um den Rest zu verfolgen. Das Bild und die Sonne müssen zuletzt gehalten werden, zuerst in Rot gemalt und dann mit Goldstaub bestäubt werden, der mit Hilfe der klebrigen Lösung verteilt wird.

Sobald die Zeichnung fertig ist, wird sie vorsichtig aus dem Stück jungfräulichen Pergaments geschnitten und die verbleibenden Ausschnitte sofort mit Feuer zerstört.

Wir werden dann fortfahren, die Pergamentfigur auf den geschlagenen Silberteller aufzutragen, der sehr rein und frei von Flecken sein muss; eine Oberfläche der Plaque mit dem Kleber aus dem Mistelzweig der Eichen ausbreiten und die Figur des Talismans von dem Teil, an dem sich die Zeichnung befindet, darauf kleben; Dies ist aus zwei Gründen sehr wichtig:

1) der Talisman darf von niemandem mehr gesehen werden, andernfalls geht seine Wirksamkeit sofort verloren;

2) Die Figur muss in direktem Kontakt mit der silbernen Oberfläche stehen, um besser interagieren zu können.

Mit dem ersten Erscheinen der Sonne können Sie den Talisman so komponiert bringen und ihn noch besser mit der Haut auf Ihr Herz bringen.

Alle, die aufgrund von Schwierigkeiten bei der Kleidung, den klimatischen Bedingungen, der Notwendigkeit, das Geheimnis noch mehr zu bewahren, usw. Schwierigkeiten haben sollten, den Talisman auf diese Weise zu tragen, können ihn auch in einen grünen Seidenbeutel stecken, der durch eine grüne Seidenschnur verschlossen ist, die Sie sorgfältig um den Hals hängen lassen.

Wenn Sie das Diktat gewissenhaft respektieren, erhalten Sie einen sehr gültigen Talisman gegen alle Schusswunden.

Talisman der Verzauberung

Der Talisman der Verzauberung ist einer der mächtigsten Unendlichen, was den Schutz vor Waffen und Kriegen, Bränden und Seuchen und jeder anderen Gelegenheit des gewaltsamen Todes betrifft. Dieses Vorzeichen muss sorgfältig auf eine Platte aus kaltem Eisen graviert werden, absolut frei von Verunreinigungen und hervorragend poliert oder verspiegelt; Die Operation wird am Dienstag im Licht der Sterne stattfinden, mit einem angemessenen Votivangebot an den Planeten Mars, in Form von Respekt und Anbetung.

Amulett der Concordia

Freitags, früh am Morgen, entfernen Sie die Rinde von einer sehr alten Palme (oder jung, solange sie sich in offensichtlichen Krankheitszuständen befindet) und gravieren Sie die Darstellung vorsichtig mit einem Kupferstiletto. Dieses Amulett heilt Zwietracht, versöhnt die Seelen, zerstreut die Dunkelheit der Verwirrung. Vorzugsweise sollte es ohne das Wissen der direkt Betroffenen unter die Betten oder unter die Kissen gelegt werden.

Talisman gegen den bösen Blick

Alles wird auf einen Flussstein eingraviert, flach und grau, der dann zusammen mit einer Handvoll Skorpionasche in eine Tüte Arancion-Leder gelegt wird. Die Tasche wird immer an der Person getragen, um den Hals oder in der Tasche hängend, immer und in jedem Fall zur Hand; Und in Gegenwart eines bösen Blicks oder einer offensichtlichen Auswurfaktion müssen Sie den Beutel berühren, zwischen den Zähnen die in der Illustration berichtete Abwendung begehen, Ihre Augen gesenkt halten und jede positive Energie nutzen.

Talisman der guten Reise

Dieser Talisman ist sehr effektiv bei Reisen, ob gefährlich oder nicht, und schützt seinen Besitzer vor allen Arten von menschlichen und terrestrischen, tierischen und infektiösen Fallstricken. Seine Entstehung muss montags im Freien unter dem Licht

des Mondes stattfinden und mit äußerster Sorgfalt eine
reine Silberplatte gravieren, wobei darauf zu achten ist,
dass die notwendigen Begasungen von Weihrauch oder
anderem geeigneten Material im Licht des Mondes
durchgeführt werden, der seine blassen Strahlen auf
das Zeichen ausgießt.

Das Glück des Wanderers

Dieses Symbol aus Pentakel oder Siegel, Talisman oder Amulett ist gleichbedeutend mit gutem Gehen, Fortuna im Reisen und Schutz vor den Gefäßen der Bosheit. Einige benutzen es, so scheint es, mit einigem Erfolg, auch bei der Suche nach verlorenen Dingen, solange letztere nicht von rein lässlichem Wert sind. Das Symbol ist streng in Grün und auf goldenem Grund mit größter Liebe zum Detail zu verfolgen.

Tür-Talisman

Dieser Talisman war in der Antike auf der Jacke oder im rechten Herzen von Reisenden genäht, die lange und gefährliche Reisen in den Osten unternehmen mussten. Seine Wirksamkeit wurde von einigen Autoren zweifelhaft gemacht, aber das bedeutet nicht, dass diejenigen, die direkt an der Hilfe dieses Talismans interessiert sind, ihn weiterhin verwenden, gedruckt in karminroter Seide, mit Feuer auf Schafspapier gestempelt oder in die begehrteste Jade geschnitzt.

Talisman des guten Spiels

Die Tugenden dieses mächtigen Talismans sind vielfältig: Glück im Spiel, Schutz vor Beleidigungen und Beleidigungen, Schutz im Geschäft und viele andere Dinge, die manchmal nicht einmal von den Besitzern selbst wahrgenommen werden. Der Talisman muss am Mittwoch mit einer sehr feinen Quecksilberplatte unter den entsprechenden Dämpfen der Begasung von grünen Kiefernknospen geformt werden, möglicherweise drinnen und natürlich ohne Zeugen, sichtbar oder unsichtbar.

Talisman des Wissens

Am ersten Freitag der ungeraden Monate wird das Design des Talismans auf einer Pergamentkartusche mit roter Tinte auf goldenem Grund nachgezeichnet. Sie werden alles auf eine reine Silberplatte kleben und den so erhaltenen Talisman die ganze Nacht über den Strahlen der Luna aussetzen. Dieser Talisman ist ein großer Anreiz zum Lesen, zu guten Studien und zum Wissen um die richtigen Wahrheiten, die zum Weg der Vollkommenheit führen.

Talisman der Weisheit

Von alter Handwerkskunst ist dieser Talisman in Quecksilber gebaut, nach rein instinktiven und persönlichen Methoden. Es vermittelt keine besonderen Eigenschaften, sondern gibt eine tiefe Weisheit, Qualität, im Nachhinein sehr selten und sehr kostbar, abhängig von der Verwendung, die dann von derselben gemacht werden kann.

Talisman, um Tesori zu finden

Es sollte in Rot auf einem Blatt jungfräulichen Pergaments gezeichnet und dann am ersten Freitag eines ungeraden Monats den Strahlen des Mondes ausgesetzt werden. Die ausgeschnittene Figur wird mit pflanzlichen Substanzen auf eine reine Silberscheibe geklebt. Eine solche Scheibe wird in der rechten Hand gehalten, an Orten, an denen der Verdacht besteht, dass ein Schatz existiert. Wenn der Schatz existiert, wärmt der Talisman die Hand, die fast glühend heiß wird, genau an der Stelle, an der Sie einen Weg finden müssen, um zu graben oder zu brechen.

Talisman vs. Verteidiger der Schätze

Sobald das zuvor Illustrierte erfüllt sein muss, verlässt du den Talisman, um Schätze zu finden, und hältst diesen Talisman fest in deiner linken Hand gegen die Verteidiger der Schätze (um mit den gleichen Einsatzbedingungen gegen Dämonen und Kobolde und alle anderen bösen Kreaturen geschaffen zu werden, die fast immer an der Stelle eines Schatzes anwesend sind, der vor Jahren und Jahrhunderten als unsterbliche Wachhunde dort aufgestellt wurde). wild und unzerstörbar, wehrlos nur vor der Macht dieses Mannes... die Sie nur dann in die Hand brennen werden, wenn die entsprechende Stelle von besagten Verteidigern geräumt ist.

Power Talisman

Dieser alte Talisman, der in Kupferarmbänder oder Bronzemedaillons gegossen wurde, belebt die Körper, verleiht dem Willen Kraft, hilft, die häufigsten Beschwerden zu verhindern und beseitigt wiederkehrende Schwächen. Es sollte jedoch nicht vergessen werden, dass seine Wirksamkeit im Allgemeinen nur von kurzer Dauer ist.

Kapitel Acht

Die kleinen Talismane

Talisman der Venus

Seine wohltuenden Einflüsse stellen die Leidenschaft für müde und desillusionierte Liebhaber wieder her und geben Menschen, denen es an Liebe mangelt, Liebe. Der Talisman wird mit schwarzer Pflanzentinte verfolgt, mit einem Tropfen des eigenen Blutes vermischt, und alles wird in einem Schornstein verbrannt und die Asche sorgfältig gesammelt; Diese Asche wird in drei Lösungen am Freitag in Gläsern Milch für die betroffene Person getrunken. Nach der dritten Woche beginnen die gewünschten Änderungen.

Siegel der Leidenschaft

Sie zeichnen das Siegel mit schwarzer Tinte (dem Kreis) und in Rot (der Rest) auf einem kreisförmigen Spiegel nach, auf dem Sie alle Ihre Fingerabdrücke eingeprägt haben. Sie kleben dann einen weiteren einfachen Spiegel auf diesen Spiegel und geben alles (noch besser wäre es, es anonym zu tun; effektiveres Verfahren, aber auch gefährlicher) an die betroffene Person, der Sie Ihrer Leidenschaft zum Opfer fallen wollen. Schon auf den ersten Blick, den er unbewusst auf den Spiegel werfen wird, wird diese Person von Wünschen verbrannt werdenoder dich sehen.

Den Weg entdecken

Es ist möglich, dass Ihre Liebe zwischen zwei verschiedenen Frauen umstritten ist und dass sich die Wahl einer der beiden als schwierig erweist. Dieses Symbol wird dann auf einer Pergamentkartusche mit verdünntem Silber nachgezeichnet, und alles wird, ohne ein einziges Wort, den beiden betreffenden Frauen separat präsentiert. Derjenige, der das Symbol mit einem Lächeln begrüßen wird, wird die richtige Frau sein; während diejenige, die gleichgültig oder feindselig gegenüber der stillen Geste bleiben wird, die Frau sein wird, die besiegt wurde, um verlassen zu werden.

Der Ring der Suchenden

Es wird darauf geachtet, dieses Symbol auf einen Mineralstein zu gravieren, der persönlich ausgegraben und im Freien gefunden wurde, was auch immer es sein mag; Dieser Stein wird in einen Ring gesetzt, der zur Hälfte aus Eisen und zur Hälfte aus reinem Silber besteht. Dieser Ring, der ständig getragen wird, wird in seinem Besitzer den Hunger nach dem Unbekannten und Abenteuer anregen, sensibel zur Entdeckung verborgener Schätze führen und vor allen nachteiligen Einflüssen schützen.

Amulett von Ödipus rex

Das Amulett wird mit einem abgeflachten Flussstein vorbereitet, auf dessen Oberfläche die Zeichnung mittels einer heißen Verbrennung graviert wird; Sie werden dann alles im Freien lassen, an einem versteckten Ort, zumindest für eine Woche. Dieses legendäre Amulett hat die Fähigkeit, Zweifel zu verhindern, Illusionen zu zerstreuen und die riskantesten Rätsel zu lösen.

Siegel gegen Neid

Auf einem Blatt jungfräulichen Pergaments mit pflanzlicher schwarzer Tinte zu verfolgen, die in einer Silberverbindung verdünnt ist. Es wird dann auf dem Rücken getragen, in Kontakt mit der Haut, für einen Zeitraum von drei Neumonden. Die gleiche Dichtung kann zu einem Ring aus reinem Eisen geschmolzen werden; Ein Händedruck, der mit dem Ring an den Zeigefinger gegeben wird, kann den möglichen neidischen und bösartigen Enzionato enthüllen, der den Kontakt mit der Hand des Siegelhalters nicht länger als ein paar Sekunden aushält.

Tiefensiegel

Auf dem silbernen Apfel eines Kirschstäbchens eingraviert oder auf die Gabeln eines Baumzweiges gemalt, der aufgrund eines Sturms zusammengebrochen ist, wird dieses Siegel von Edelmetallen angezogen, die auf die wertvollen Quellen gesunder Gewässer hinweisen und alle schädlichen strahlenden Einflüsse von Orten des astralen Zusammenflusses oder die einen traurigen Ruf der Trostlosigkeit und düsteren Legende haben, zerstreuen.

Der Sigillo del Vero

Der Besitzer dieses Siegels, das am ersten Sonntag des Jahres auf einem Ring aus Eisen und Gold eingraviert ist, kann immer und auf jeden Fall zwingen, allen, denen er die Hand schütteln wird, die Wahrheit zu sagen, indem er das Siegel zu sich selbst bringt und den Befehl geistig auferlegt, wobei er in den Augen der betreffenden Person fixiert aussieht. mit Festigkeit und Loyalität.

Neunter Kapitel

Leitfaden zur Medialität

Über mediale Sitzungen

Wir haben absichtlich keine "Geister" geschrieben, denn Fehler und Verwirrungen auf diesem Gebiet sind fast an der Tagesordnung.

Es gibt viele Unterschiede zwischen Spiritualismus und Medialität. Der Spiritismus ist eine Pseudoreligion, die behauptet, die Toten für ihren eigenen Gebrauch und Konsum zu beschwören, und damit auf den Annahmen eines törichten Rituals beruht, gottlos und heidnisch, ihrer eigenen minderwertigen Macht, die aus Unwissenheit und Aberglauben des Vulgären geboren wurde. Als solche ist der Spiritismus eine sehr gefährliche Praxis, die von der Kirche zu Recht verurteilt wird, und alle, die ihn praktizieren oder zu praktizieren beabsichtigen, wissen, dass das, was sie tun, falsch und dumm ist.

Man scherzt nicht ungestraft mit dem Schlaf der Toten, und die Lebenden, die sich mit dem Geheimnis des Lebens nach dem Tod verstecken, werden es früher oder später bereuen, ihrer kleinlichen Leidenschaft zugehört zu haben.

Medialität ist etwas ganz anderes; Es ist ein uraltes Forschungsgebiet, und doch alles in allem noch jungfräulich, für die Überraschungen, die es bewussten und mutigen Entdeckern seines unendlichen Horizonts bringen kann.

Mit den medialen Sitzen, die gemeinhin als "Tisch" bezeichnet werden, entsteht eine Art infradimensionale Passage, eine Brücke, die sich vorübergehend zum Ultrasensitiven hin öffnet.

Die Grenzen der Medialität rutschen einerseits in die wissenschaftlichen Taschen der Grenzparapsychologie und andererseits in die esoterischen Taschen des traditionellen Okkultismus. Tatsächlich haben die Toten, die Verstorbenen und alles andere wenig mit medialen Sitzungen zu tun, da die Entitäten, die sich normalerweise in den Sitzungen manifestieren, zu einer ganzen großen, äußerst vielfältigen Palette von Präsenzen gehören; Urwesen und überirdische Geister, Kosmosintelligenzen, elementare Gene, sogar außerirdische Präsenzen und körperlose Larven ...

Mediaistische Sitzungen sind nicht improvisiert, obwohl heutzutage leider Schwärme von improvisierten Adepten, die nur Spaß haben oder billigen Nervenkitzel verursachen wollen, sich gefährlich an Aktivitäten beteiligen, von denen sie nichts wissen. Es ist auch, um die schädliche Arbeit dieser Leute zu beheben, dass wir Schritt für Schritt vollständig enthüllen werden, was getan werden muss, um ernsthaft mediale Sitzungen durchzuführen.

Der Tisch für die Sitze

Zunächst raten wir dringend davon ab, Tische zu verwenden, die bereits zu Hause vorhanden sind oder, noch schlimmer, für den Anlass, auf dem Markt oder beim Antiquitätenhändler gekauft wurden. Oft können gebrauchte Tische, auch wenn schön, teuer und/oder von einem gewissen Wert im Bereich des Sammelns, erhebliche Fallstricke enthalten:

1) Befallsgebiete
Das Schicksal kann Sie in den Händen von Tischen geschehen lassen, die bereits vor Jahren oder Jahrhunderten für ähnliche Séancen oder magische Praktiken verwendet wurden; Und fast immer, ein Fund dieser Tatsache, enthält Rückstände von Befall, die in einer geeigneten Umgebung ausreichend geweckt werden, ernsthafte Störungen bei Neophyten verursachen können und nicht ganz erfahren in den Methoden der Larvenbekämpfung sind.

2) Fluch-Fallstricke
Das fragliche Objekt könnte in der Vergangenheit sogar wegen seiner aktiven oder passiven Rolle bei Fakten wie Blut, Raub und ähnlichen Phänomenen verflucht worden sein; Und deshalb wäre es keine vernünftige Idee, störende Phänomene wiederzubeleben, sondern lediglich die Entfesselung ruhender Kräfte mit den neuen medialen evokativen Praktiken.

3) Bau-Fallstricke

Der Tisch, obwohl anscheinend perfekt, könnte Hohlräume in seiner Struktur, Mende, Einsätze aus verschiedenen Hölzern, sogar Parasiten enthalten. Alles sehr negativ für die positive Entwicklung medialer Praktiken.

Aus diesen drei Gründen ist daher die Idee, gebrauchte oder antike Tische zu erhalten, vollständig zu verwerfen.

Der einzige ernsthafte Weg bleibt, um einen neuen Tisch zu bekommen, aber selbst in diesem Bereich müssen wir aus offensichtlichen Gründen mit Vorsicht vorgehen.

Um sich der Bontà des Tisches hundertprozentig sicher zu sein, müssen Sie ihn in der Tat selbst herstellen, oder, wenn nicht (aus Unerfahrenheit nicht in der Lage), dass Sie zumindest persönlich helfen, Stück für Stück, in allen Phasen der Verarbeitung, indem Sie jedes Detail auf Sicherheit überprüfen.

All dies, aus einem sehr einfachen Grund: Der Tisch für mittelschwere Sitze muss vollständig aus Massivholz bestehen. Jetzt ist es leider so, dass einige unehrliche Hersteller die Tischplatte mit Stahlbetonquerstangen "stopfen", um das genaue Gewicht des Massivholzes zu erhalten, während sie die Menge des verwendeten wertvollen Holzes sparen und somit den unvorsichtigen Kunden wissenschaftlich umstürzen.

Sie stellen daher sicher, dass in allen Phasen der Arbeit nur Holz verwendet wird, und vorzugsweise: Eiche, Nussbaum oder Palisander.

Um die verschiedenen Teile des Tisches zusammenzubauen, müssen Sie keine Nägel, Heftklammern, kleine Eisenklammern oder irgendeine andere Form von Metall jeglicher Art verwenden; Metallcluster, auch wenn sie von sehr bescheidener Größe sind, können zweifellos das Kräftefeld stören, das bei der Vorbereitung der Metallkette entsteht.

Um die verschiedenen Stücke des Tisches zu verbinden, also keine Nägel et similia, sondern nur Stücke incastro, und Klebstoff, und letztere, vorzugsweise natürlichen und nicht-chemischen Ursprungs.

Was die Form des Tisches betrifft, so ist der einzige, der angenommen werden kann, der runde, ein perfekter Kreis von 360 °, der keinen Platz für eine Dekompensation der Spitzen lassen darf; Die Größe der Tischplatte wird nach dem gewählten evokativen Programm entschieden, ob von drei, sechs oder neun Anhängern, und daher so viele Sitze, mit einem gewissen Komfort. Der Tisch darf keine Beine haben, sondern einen einzigen zentralen Kelchstängel, der eindeutig mit einer Art Stativ oder mit einer einfachen, massiven Basis enden kann.

All dies dient natürlich dazu, sicherzustellen, dass sich der Tisch im Falle einer Levitation regelmäßig erhebt, ohne die Beine und Füße der Beschwörer zu behindern; Dies auch bei Rotationen, unabhängigen dynamischen Bewegungen, etc.

Der so erhaltene Tisch ist der optimale für die Sitze; Auf Wunsch können Sie aus ästhetischen Gründen (die immer in Ordnung bleiben müssen) alles bemalen, immer mit einer dunklen Farbe (schwarz, braun, blau usw.), aber ohne Grund müssen Sie den Tisch mit dekorativen Motiven, Friesen, Inschriften und mehr schnitzen oder dekorieren.

Die Umgebung für die Sitze

Sobald Sie den Tisch für die Sitze haben, müssen Sie den geeigneten Platz wählen, um ihn zu platzieren, eine weitere sehr wichtige Sache und nicht zu unterschätzen absolut.

Erstens sollte Ihr Zuhause nicht in der Nähe von Friedhöfen, Kirchen, Kapellen, Leichenhallen liegen. Es sollte auch nicht in der Nähe von Wasserläufen, Wasserfällen, Hochspannungsleitungen, Eisenbahnen sein. Alles Dinge, die wahrscheinlich sogar ernsthafte Störungen verursachen und schwer zu heilen sind, sobald sie entfesselt sind.

Das Haus sollte außerdem gute Eigenschaften der Schall- und Wärmedämmung, ausreichende Größe, Robustheit der Wände (vorzugsweise Stein; vermeiden Sie als gefährlich, Metallwände, jeglicher Art!) und Diskretion der Nachbarschaft haben; Wenn Sie zum Beispiel in einer Zwischenetage leben, sollten Sie die Komplizenschaft Ihrer Nachbarn in der unteren Etage und der oberen Etage Ihrer Etage sicherstellen, um Ärger oder gefährliche Gerüchte zu vermeiden.

Für diejenigen, die die Möglichkeit haben (durch Geburt oder Reichtum), sind ideale Orte die Adelshäuser, von alter und anspruchsvoller Konstruktion, ausreichend groß und hoch, mit der Möglichkeit, sogar die Etagen unter und über dem Raum zu räumen, wo die Sitze und alles andere gemacht werden sollen.

Sobald Sie das Haus gefunden haben, werden Sie über den Raum nachdenken, der ein wenig isoliert vom Rest der anderen, vielleicht von einem Korridor, sein muss. In einem solchen Raum wird darauf geachtet, dass unser Tisch genau in der Mitte angeordnet ist, nicht bevor keine Spuren von Möbeln aus dem Raum selbst entfernt wurden.

Wir bestehen auf diesem Detail, das sehr wichtig ist: weg von allen Möbeln aus dem Raum, weg auch alle Gemälde, Tapeten und Polster von den Wänden, weg von allem! Teppiche müssen ebenfalls verschwinden, und der Tisch muss in einer kahlen Kabine aus Stein oder Beton gefunden werden.

Die Kronleuchter werden entfernt, und es wird auch darauf geachtet, die Drähte der verschiedenen elektrischen Verbindungen entlang der Wände oder im Inneren zu entfernen, um den Ort besser zu isolieren und abzuschirmen.

Die Reinigung des Raumes muss außerdem so beschaffen sein, dass nicht die geringste Staubspur oder die geringste Spur von Wasser oder Feuchtigkeit hinterlassen wird; Besondere Aufmerksamkeit muss auch auf das mögliche Vorhandensein von kleinen Insekten, Motten, Ameisen oder Parasiten gerichtet werden, die typisch für Häuser sind, die sofort entfernt und zerstört werden müssen.

Wir haben vergessen hinzuzufügen, dass der betreffende Raum einen Balkon oder zumindest ein großes Fenster haben muss, um eine schnelle

Belüftung zu ermöglichen, aber auch für andere Details, die erst später klar sein werden.

Die Eingangstür zum Raum muss aus Massivholz bestehen, bei Beschwörungen geschlossen und in Zeiten des Stillstands verschlossen sein; Aus keinem Grund sollte der Raum für andere Zwecke genutzt werden, außer für den der medialen Praktiken.

In den vier Ecken der Wände, in den Stein gegraben oder mit Kalk geknetet, können Sie kleine Löcher schaffen, um Kerzen, Parfümbrenner und andere Dinge einzuführen, die für den Erfolg der Sitzungen unerlässlich sein können.

Für die Stühle, die um den Tisch herum platziert werden sollen, gibt es zwei verschiedene Arten des formalen Verfahrens. Die erste besteht darin, für die Stühle die gleichen Regeln zu befolgen, die oben für den Tisch beschrieben wurden: eigene Konstruktion oder anderweitig überwacht, Fehlen von Nägeln oder Metallteilen, Hölzer und Farben usw.

Der zweite Weg ist der einfachere Weg, um einige normale Stühle zu bekommen und den Rest wegzulassen; Tatsächlich interagieren die evokativen Kräfte innerhalb der Grenze des Tischkreises, der ein echtes Pentagramm darstellt, so dass die Vorsitzenden für die Grundökonomie des begonnenen Prozesses von geringster Bedeutung wären.

Die Rede würde keine Falte machen, aber wir sind der Meinung, dass es immer besser ist, Vorsichtsmaßnahmen im Überfluss zu haben, und deshalb empfehlen wir den ersten Weg beschreibend:

Stühle der gleichen materi Flügel (und Herstellung) des Tisches.

Die Stühle, ob alt oder von Grund auf neu gebaut, müssen jedoch:

A) fest, so dass es unbewegliche Basen gibt (der mögliche Bruch oder das Taumeln eines Stuhls während einer Sitzung könnte den Teilnehmer aus dem Gleichgewicht bringen und dazu führen, dass die Kette plötzlich bricht, mit unvorhersehbaren Folgen);

B) bequem, so dass Sie eine richtige Position der Kette haben (ungefähr sollte die Ebene der Tischplatte auf der Höhe mit den Nabeln der Treuhänder oder höchstens zwei Finger höher in Richtung Brust liegen);

C) ausgestattet mit einer hohen Rückenlehne, die in der Lage ist, den ganzen Hals und Kopf zu bedecken, und gleichzeitig ohne Armlehnen, was nur umständlich wäre.

Offensichtlich werden Sie auch Stühle vermeiden, die zu extravagant sind oder, noch schlimmer, mit lächerlichen pseudo-okkulten Zeichen bedeckt sind und so weiter.

Vor und nach den Sitzungen werden die Stühle nicht um den Tisch, sondern entlang der Wände platziert; Und damit scheinen wir alles gesagt zu haben, was wir brauchen, rund um die Vorbereitung des Raumes, der für mediale Beschwörungen geeignet ist.

Alle anderen Ammennicoli, die normalerweise mittelmäßige Bücher und kommerzielle Filme der

Vorbereitung eines solchen Raumes zuschreiben, sind nichts anderes als Schrott, nutzlose Verschwendung von hässlicher Literatur; Wir werden daher darauf achten, die Umwelt nicht mit Sinnlosigkeit wie Totenköpfen, ausgestopften Eulen, Lampen mit Schals, Tassen und Untertassen, Gläsern und Tabletten und jedem anderen Repertoire für Vorstadtfrauen zu vermischen.

Lassen Sie uns jedoch zu dem Rat übergehen, den Sie für eine optimale mediale Sitzung hatten.

• = Köpfe der Kettenglieder um den Tisch herum.

= Verbindendes Zeichen der Hände der Mitglieder auf dem Tisch.

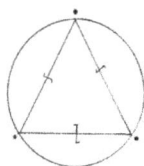

Abb. 1 – Kraft, die sich aus einem medialen Sitztisch mit drei Kettengliedern ergibt.

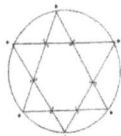

Abb. 2 – Kraft, die sich aus einem medialen Sitztisch mit sechs Kettengliedern ergibt.

Wege und Zeiten einer medialen Session

Es gibt keine spezifische Zeit für mediale Sitzungen, da die Nacht die einzige unverzichtbare zeitliche Bedingung ist (und daher der chaotische Ausschluss des Tages).

Es gibt auch seltene Menschen, die es schaffen, erstaunliche mediale Sitzungen im Licht der Sonne zu machen, aber dies sind unerreichbare Meister, die nach vielen Jahren der Tests zu diesem Ergebnis gekommen sind, und daher muss ihr Beispiel keinen Testor machen.

Es gibt auch viele Tage, die völlig unratsam sind, um die Sitzungen durchzuführen; zuerst freitags, dann an den Tagen der verschiedenen Sonnenwenden, dem Tag der Toten, Weihnachten, Silvester, St. Petrus- und Paulustag, und natürlich alle Tage, die sehr schlechte zeitliche Bedingungen darstellen könnten: Stürme, Blitze und Elektroschocks, Schnee und Starkregen sowie alle seismischen Phänomene, ohne die Vollmondnächte, totale oder partielle Sonnenfinsternisse von Sonne und Mond usw. zu vergessen.

In jedem Fall sollten jedoch abgesehen von den oben beschriebenen Einschränkungen die Zahl der medialen Sitzungen unter keinen Umständen die Anzahl von eins pro Woche und fünfzig in einem Jahr überschreiten, da der Verbrauch physischer und psychischer Energien auf lange Sicht zu hoch wird; All dies, vorausgesetzt, wir gehen auf dem richtigen Weg voran und weichen nicht für obskure Orte ab. Sobald der richtige Tag gewählt wurde, werden wir mit der optimalen Vorbereitung der Sitzung fortfahren, die Mitglieder auswählen und sie über die zu beachtenden Regeln und alles andere beraten.

Mediale Sitzungen können von mindestens drei Personen, durchschnittlich sechs und maximal neun Personen durchgeführt werden. Jeder Verstoß, der zu einer Verringerung oder Erhöhung dieser Zahlen führt, kann schwerwiegende Auswirkungen haben, insbesondere im Falle der Anwesenheit von Neulingen bei solchen Sitzungen.

Wir empfehlen Ihnen, den Weg der geometrischen Progression entschlossen zu beschreiten: vor den Drei-Wege-Sitzungen, um sich mit dem fast unbegrenzten Feld vertraut zu machen, das einem zur Verfügung steht; dann die sechssitzigen Sitzungen, wenn Sie ein gewisses Maß an effektiver Erfahrung erreicht haben; und schließlich die Neun-Sitzer-Sitzungen, bei denen sich eine echte Gruppe von Operatoren mit vielen Beschwörungen hinter ihnen gebildet hat, die in der Lage sind, müde Menschen angemessen zu ersetzen oder möglicherweise nicht bereit sind, nachfolgende Sitzungen durchzuführen.

Wie wählt man die richtigen Leute für die Sitze aus?

Zuallererst ist es notwendig, ohne zu zögern alle Minderjährigen, Erwachsene im Alter überlegen, aber minderwertig im Sinne der Reife, alle Menschen psychisch labil oder instabil, die Kranken, die Verwundeten, die Verstümmelten und die Behinderten sowie alle körperlich und geistig gesunden, aber notorisch erregbaren, beeinflussbaren und ähnlichen Menschen zu verwerfen.

Sie werden auch all jene verwerfen, die sich dem fortgesetzten Konsum von Drogen, Alkohol und ähnlichen Drogen verschrieben haben, Atheisten und Skeptiker von der Partei genommen, und alle, die dem Unternehmen nur um des Neuen und Anderen willen zur Verfügung stehen oder um ein Gefühl oder einen Nervenkitzel des Spaßes zu erleben.

Darüber hinaus werden alle, die im Leben Gründe für Groll, Hass, Liebe oder Leidenschaft für andere Mitglieder der Kette in der Ausbildung mitbringen, ebenfalls verworfen werden; Und die zu einfachen Enthusiasten, die Bösen und die Neider, die Individuen von moralischer Niedertracht, die von dem Ort und dem Ort für ihre eigenen Zwecke, spekulativ oder magisch, profitieren könnten, werden ebenfalls verworfen werden.

Sobald alle interessierten Parteien, die nicht in die oben genannten Kategorien fallen, ausgewählt wurden, werden wir mit den anderen Details, überhaupt keinen Trascurabili, des zu befolgenden Rituals fortfahren.

Für den ganzen Tag vor der Nacht, in der die Sitzung durchgeführt werden soll, muss das Medium (oder, in Ermangelung des Mediums, alle Komponenten der Kette, ohne Ausschlüsse) das gewissenhafteste Fasten beobachten, unterbrochen nur, wenn Sie wirklich nicht darauf verzichten könnten, durch ein paar Esslöffel frisches Wasser.

Dieses Fasten muss von einer tiefen Meditation darüber begleitet werden, was getan werden wird; eine Meditation über die Geheimnisse des Lebens, über das quälende Problem des Todes, über alles, was mit der Existenz und ihrer Verlängerung in der Welt des Ultrasensiblen oder des Lebens nach dem Tod zu tun hat.

Die Angehörigen der verschiedenen Religionen werden in der Lage sein, viel zu beten, große moralische und spirituelle Vorteile zu erlangen, aber immer privat zu bleiben und nicht an Massen oder anderen kollektiven Riten teilzunehmen; Ideale Bedingung wäre, den ganzen Tag in Stille und Einsamkeit zu verbringen, nicht zu arbeiten und sich nicht durch andere körperliche oder geistige Aktivitäten ablenken zu lassen, bis zur vorbestimmten Zeit. Bei diesem Termin bereits gesalbt, werden wir zu dem für die Sitzung vorgesehenen Ort gehen, der zuvor diese Behandlungen durchlaufen hatte:

1) gründliches Waschen des Raumbodens mit Wasser und Salz (viel Salz), das im Wind aus dem Fenster oder aus dem offenen Becken getrocknet wird, ohne die Feuchtigkeit mit Lappen oder anderen zu sammeln;

2) Begasung des Raumes mit Körnern aus reinem Weihrauch, die langsam in den kleinen Parfümbrennern an den Wänden brennen (die anderen Essenzen wie Benzoe, Myrrhe, Aloe, Palme, Myrte,

Eisenkraut usw. werden in zusammenfassenden Graden mit nachfolgenden Erfahrungen erreicht);

3) allmähliches Anzünden der kleinen Kerzen auf den vier Seiten des Raumes (diese Kerzen müssen aus jungfräulichem Wachs bestehen, grün lackiert), die den Raum gerade genug beleuchten müssen, um eine Dämmerung um den Tisch zu erhalten und alles andere in schwachem Licht zu lassen.

Die Mitglieder der Kette betreten dann den Raum, nehmen ohne Eile Platz und zeigen sich ruhig und still, in Übereinstimmung mit ihren geistigen Dispositionen.

Einige Ketten verwenden für den Bedarf mehr oder weniger komplizierte Kleidung, von weißem Sai aus roher Leinwand bis hin zu barocken Frisuren voller Symbolik; alles Dinge, die nutzlos sind und die als schädlich zu vermeiden sind und niedrige Gefühle hervorrufen (Kastengeist, Infantilismus, Nachahmung usw.).

Natürlich werden Sie in bequemer Kleidung und Kleidung präsentiert, weder eng noch breit, ausreichend warm oder frisch, je nach Wetter und Jahreszeiten; Nur aus offensichtlichenGründen, werden alle Metallgegenstände, die üblicherweise an der Person getragen werden, eliminiert: Ringe, Halsketten, Armbänder, Ohrringe, Anhänger, Uhren, Stifte und Bleistifte, Münzen, Zigarrenanzünder, Scheren, Messer, Gürtelnieten, Metallschnallen, eiserne Brillengestelle usw., etc., etc.

Sie vermeiden es auch, leicht brennbare Dinge wie Kerzen und Streichhölzer, Bücher und Notizbücher sowie extrem gefährliche Dinge wie Kompasse, Magnete, Radios, Batterien und alle Arten von Elektro- und Elektronikgeräten zu tragen.

Die verschiedenen persönlichen Talismane und Amulette sind in der Regel ebenfalls kontraindiziert; Zum Beispiel verhindert das Kreuz mit der störenden Wirkung der Linienkraft seiner Arme effektiv die Bildung der idealen Bedingungen, um die "Brücke" zwischen unserer und ihrer Dimension zu instaurieren.

Die einzige und mächtige Ausnahme von all dem ist das klassische Siegel Salomos oder sechszackiger Stern; Dieses Siegel muss mit schwarzer Pflanzentinte auf einem Blatt jungfräulichem Pergament nachgezeichnet werden, das mit einem grünen Seidenband um den Hals gehängt wird. Sein wohltuender Einfluss, gegen böse Menschen, die sich schließlich manifestieren könnten, ist sicher.

So gekleidet, nehmen die Mitglieder der Kette dann ihre Plätze ein und beobachten ein paar weitere Minuten Stille oder Meditation mit gesenkten Augen.

Bei einem stillschweigenden Signal des Mittel- oder Kettenleiters (in der Regel des Vermieters) heben alle Mitglieder die verlassenen Arme mit einem synchronen Klick entlang des Körpers und legen die Unterarme auf den Tisch, die Handflächen weit geöffnet radial; Mit einer zweiten gleichzeitigen Bewegung berühren sich alle Enden der Hände, schließen sich fest mit dem Nachbarn, bis die Kette gebildet ist.

Lange Minuten der Stille werden beobachtet, bis das Gefühl des eigenen Blutes, das in den Venen zirkuliert, mit den Empfindungen anderer vermischt wird: Man muss den Eindruck haben, Teil eines Körpers, eines einzigen Organismus, eines einzigen Geistes und eines einzigen Herzens zu sein.

Charakteristisch für diesen erreichten Zustand ist das Kribbeln, das an den Fingerspitzen rekurriert, wie von einem winzigen elektrischen Wechselstrom.

Sobald dieser Zustand erreicht ist, muss das Medium die meiste totale Leere in seinem Geist erzeugen (was äußerst schwierig ist, da es eine gewisse Fähigkeit erfordert, die latenten zufälligen Bilder, die aus den Tiefen entstehen können, zu eliminieren), und sich für jede gewünschte Präsenz empfänglich zu machen. Alle anderen Mitglieder der Kette hingegen müssen mit all ihrer Kraft mental die Anwesenheit der Desiderata-Entität heraufbeschwören.

Nach einer Zeit, die im Durchschnitt unmöglich zu quantifizieren ist (so sehr, dass ab Beginn der Sitzung, vor der Entfesselung der Phänomene oder ganze Abende ohne Abschluss nur fünf Minuten vergehen können; alles hängt vom Schicksal ab, aber auch von der Einhaltung aller für die Vorbereitung der Sitzung beschriebenen Regeln), des Mediums (oder In Ermangelung dieser wird das psychisch begabteste Mitglied der Kette) spüren, wie die evozierte Präsenz in sich selbst hinabsteigt, den eigenen Willen völlig verliert und zu einem Gefäß für die momentane Existenz des anderen wird.

Nach einem Signal oder einem Schrei des Leidens, das das Medium ausstrahlen kann (es gibt keinen

Grund, sich darüber Sorgen zu machen, da sich die Medien an nichts erinnern, was mit ihnen passiert, nicht an das Leiden und direkt), wird sich die gewünschte Entität manifestieren, genau mit ihrer ursprünglichen Stimme durch den Mund des Mediums sprechen und sich vor allem darüber beschweren, dass sie aus ihrem bereits bestehenden Zustand in der Welt des Lebens nach dem Tod gerissen wurde.

Zuallererst wird man das manifestierte Wesen respektvoll salzen, ihm die Zeichen des größten Verständnisses zeigen und fast, mit einem Wort, seine eigenen Entschuldigungen für die unkluge und unerwünschte Beschwörung machen; Sobald der Kontakt hergestellt ist, wird man mit den Fragen odertue fortfahren und sie mehrmals wiederholen, wenn nötig, mit Respekt, aber gleichzeitig mit äußerster Entschlossenheit, denn ihr seid es, die die Befehle gebt und die Beschwörung gemacht habt, die nicht vergessen werden sollte.

Wir werden Fragen vermeiden, die zu trivial oder mit einem Hintergrund und sichtbar zu käuflich sind (Anfragen nach Offenbarungen über Schätze, Erbschaften usw.), und wir werden einen – schwierigen, aber nicht unmöglichen – Dialog mit der Entität suchen, sie auf ihrem vergangenen oder gegenwärtigen Weg, auf den Geheimnissen der Unterwelt usw. befragen.

Wenn die Entität beginnt, die Fragen mit großen Schwierigkeiten zu beantworten, oder sich sogar weigert, länger zu bleiben, wird es an der Zeit sein, die

Sitzung zu beenden; Fest wird zuerst der Sitzdirigent, dann die anderen Mitglieder der Kette im Chor die Entität einladen, den Raum der Beschwörungen zu verlassen, und versprechen, sie zu anderen Zeiten zurückzurufen, falls sich die Entität als zu widerspenstig erweist, den Körper des Mediums aufzugeben.

Nach der Wiederholung dieser Ermahnungen und in dem Moment, in dem der Beschwörte kein Lebenszeichen mehr durch den Mund des Mediums geben wird, wird die Kette augenblicklich schmelzen, die Hände und Arme unisono vom Tisch heben und sie sozusagen mit den starren Spitzen der Extremitäten auf den Boden legen. Danach wird der Raum beleuchtet, indem alle verbleibenden Kerzen angezündet, die Stühle bewegt werden und dem Medium geholfen wird, aufzustehen und wieder Farbe zu gewinnen, es zum Gehen bringt, den Raum wieder belüftet und gegebenenfalls mit einem Fläschchen Cognac oder einem anderen oder starken Schnaps hochgezogen wird.

Zusammenfassend ist dies die kleine Chronik einer typischen medialen Sitzung; Wir werden nun sehen, dass wir andere spezifischere Details über die anderen Dinge, die passieren könnten, und die damit verbundenen Verhaltensweisen, die angenommen werden müssen, geben.

A) Sitzplätze ohne Medium

Gute Medien (ehrliche Menschen, von guten Fähigkeiten, mit aufrichtigen Gefühlen, unfähig,

Betrug zu begehen) verschwinden, und das ist leider eine unbestreitbare Realität. Um ein gutes Medium zu trainieren, braucht es Jahre und Jahre der Vorbereitung, sowohl theoretisch als auch praktisch, Sie müssen natürliche sensorische Fähigkeiten haben, sich fast ausschließlich Ihrer Rolle widmen (und somit jede Arbeitstätigkeit vernachlässigen, die nicht möglich ist und / oder jedem gewährt wird) und viele andere Dinge.

In Ermangelung des Mediums können die medialen Sitzungen das Gleiche beibehalten, aber einige Regeln einhalten und einige Warnungen beachten.

Die zu beachtenden Regeln sind einfach und schwierig zugleich: Es ist notwendig, einen Zustand geistiger Leere zu erreichen, es ist notwendig, das gesamte physische Simulacro auf den wirklichen Schock der momentanen Invasion der Wirtswesen vorzubereiten, ein Phänomen, das, manchmal vom Organismus abgelehnt, zu schweren psychischen und sogar physischen Ungleichgewichten führen kann (Herz-Kreislauf-Erkrankungen, et similia).

Darüber hinaus muss auch das Schicksal mit seinen ungeschriebenen Gesetzen im Auge behalten werden. Im Kontext einer Kette, die sich in einer medialen Sitzung ohne das Medium trifft, ist es angebracht, gut zu wissen, dass jedes einzelne Mitglied der Kette selbst potenziell zu einem Novellenmedium werden könnte, mit allem, was es in dem Begriff Positives und Negatives gibt.

In medialen Sitzungen ohne Medium täten sie daher gut daran, nicht an der Kette teilzunehmen, all jene, die sich nicht in der Lage fühlen, d ei medium tout court werden zu können, Menschen, die unter den jüngsten Trauerfällen leiden, und, was Frauen betrifft, all jene, die wegen ihrer Menstruationszyklen vorübergehend indisponiert sind.

All diese Vorsichtsmaßnahmen scheinen nicht übertrieben zu sein, denn das Schlimmste ist, dass sie ihre Hand zum Schicksal zwingen will, indem sie darauf besteht, Dinge und Fakten persönlich auszuprobieren, die auch nicht von Menschen empfohlen werden, die bereits zuvor verbrannt wurden!...

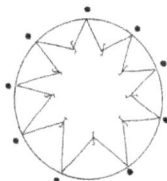

Abb. 3 – Kraft, die sich aus einem Tisch für mediale Sitze mit neun Kettengliedern ergibt.

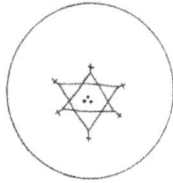

Abb. 4 – Pentacle an der Eingangstür zum stellvertretenden Raum.

B) Sitze mit Larvenpräsenz

Eine ernste, reale Gefahr, die man während der medialen Sitzungen im Hinterkopf behalten sollte, besonders wenn am Anfang und mit einer großen Präsenz von Anfängern wie Jugendlichen, Frauen und dergleichen, ist die des Larvenbefalls.

Die Larven, die in High Magic Barunti Spirits auch genannt werden, sind körperlose Wesen (Geister von Selbstmorden, Parademomons der niedrigsten Ordnung, psychische Überreste blutiger Fakten, niedrige Seelen, begierig auf das Carne usw.), im Allgemeinen ziemlich gefährlich. Um ihre niedrigen Leidenschaften zu befriedigen, Reste irdischer Sünden und fleischlicher Wünsche, die noch nicht vollständig nuanciert sind, lieben es diese Wesen, sich in die Mitte der medialen Sitzungen einzufügen und die "offenen" Lücken zwischen den ultrasensiblen und den irdischen Dimensionen auf diese Weise auszunutzen.

Sehnsucht nach Leben, nach rein epidermalen Empfindungen, nach Wünschen, die im Leben lange unterdrückt und mit dem Tod gangribilisiert wurden, können diese Larven ziemlich leicht in die Ketten eindringen, die von Anfängern gehalten werden; Ihre Lieblingsmethode ist es, sich als das auszugeben, was sie nicht sind, noch könnten sie es jemals sein: positive Geister, gutartige Wesenheiten, Geister von Weisen.

Rosen des Neides, brodelnd vor bösartiger Wut, Faulheit und höllischem Hass auf die Lebenden und auf ihre Körper voller Energien mit einem vergessenen Geschmack, die Larven werden sich als die Anwesenheit berühmter Autoren, von edlen Denkern spalten, die es dank ihres wortreichen Charmes (den sogenannten "Offenbarungen" sofquenti!) sofort schaffen, das unvorsichtige Publikum, das ihnen ausgesetzt ist, zu faszinieren, während der verschiedenen Sitzungen.

Im Laufe der Zeit könnten diese Larvenentitäten versuchen, die Strahlungsenergien der schwächeren Mitglieder der Kette in Besitz zu nehmen, und auch im Grafen dazu beitragen, das Theater der Experimente rechtzeitig zu befallen; Dies darf natürlich nicht geschehen, weil, wie bereits gesagt wurde, die Folgen schwerwiegend, in einigen extremen Fällen sogar tödlich sein könnten, und es gäbe sehr wenig zu tun, um diesen Vorschlag zu erreichen. Wie kann man also rechtzeitig die Anwesenheit dieser Larven bemerken? Es ist eine einfache und schwierige Sache zugleich.

Es ist zum Beispiel klar, dass, wenn bei der ersten oder zweiten Sitzung eine Entität erscheinen würde, die behauptet, Napoleonor Julians oder Caesar zu sein, es nichts anderes als eine Larven-Impostur wäre; Die erwähnten Geister sowie alle, die aufgrund der hohen Klarheit ihrer irdischen moralischen Erfahrungen zu einem höheren Weg aufgestiegen sind, stimmen sehr selten zu, wenn auch in momentaner Form, auf diese Erde zurückzukehren, und bevorzugen ihre gegenwärtige Existenz in den überirdischen Sphären ihrer jeweiligen Kompetenz.

Hier ist also ein erster guter Grund für die sichere Identifizierung der Larven: ihre ungeschickte Anmaßung, die Bolsa prosopopea, mit einem Wort die Alterigia, die sich auch durch den verwendeten Ton bemerkbar macht.

Ein weiterer sicherer Hinweis auf die affirmative Präsenz der entblößten Geister ist der offensichtliche Unsinn, der es böswillig genießt, sich durch den Mund der Medien zu verbreiten, nur um Angst und eine Art Attivo-Verwirrung in die Umwelt zu werfen; und hier dann all die große Messe, lächerlich und nachdenklich, der angeblichen Offenbarungen der Geister, hier sind die erschreckenden Beschreibungen der Leiden der Hölle, hier sind die Melasselieder über die Freuden des Paradieses usw. usw.

Eine wahrhaft gutartige Entität wird immer klar auf Ihre Fragen antworten, manchmal still, aber niemals, indem sie Lügen erzählt oder indem sie Fakten und Hypothesen, Dinge und Menschen übertreibt und vulgarisiert.

Sobald die Anwesenheit von Larvenentitäten während der medialen Sitzungen festgestellt wurde, bleibt der anspruchsvollste Test bestehen: die endgültige Entfernung derselben.

C) Methoden zur Beseitigung von Larven

Da wir nie müde werden zu wiederholen, ist Vorbeugen immer besser als Verdrängen, so dass wir die Aufmerksamkeit wieder auf die oben beschriebenen Regeln lenken müssen. Wurden alle guten Regeln für die Vorbereitung des Raumes überhaupt beachtet? Die Tage? Die Zeit? Die Teilnehmer?

Wurde die Begasung perfekt durchgeführt? Wurde die Umgebung mit äußerster Sorgfalt, mit Wasser und Salz gewaschen? War die Beleuchtung übertrieben oder mangelhaft? usw. usw.

Für den Fall, dass alle Regeln gewissenhaft befolgt wurden, bleibt nur, unter den Mitgliedern der Kette nach der schwächsten Komponente zu suchen, das heißt, nach demjenigen, der am besten in der Lage ist, mit seiner Aura die schmutzigen Leckereien der Geister der barunteden Geister der Wende anzuziehen.

Es wird leicht sein, das schwächste Glied in der Kette zu finden, da die Larven immer durch den Mund des letzteren sprechen. Sobald das Mitglied, das der befallenden Wirkung der Larven ausgesetzt ist, identifiziert wurde, geschieht dies ohne zu zögern. Der Sitzleiter, der Grundherr oder wer auch immer für ihn, wird sich mit einem harten und energischen Ton an denjenigen wenden, der von den Larven besessen ist, und die Worte gut buchstabieren:

UNREINE GEISTER, DEIN ORPEAR DER KORRUPTION IST VORBEI; WIR WISSEN SEHR GUT, WEN IHR WIRKLICH REPRÄSENTIERT, UND IHR KÖNNT EUCH NICHT MEHR AUF UNSERE UNWISSENHEIT VERLASSEN. WIR BEFEHLEN EUCH, UNREINE GEISTER, DEN KÖRPER UNSERES BRUDERS XXX (zitieren Sie den Namen des Spuktiers) UND DIESE STROPHE SELBST SOFORT AUFZUGEBEN UND IN EURE WELT DES GRAUEN LICHTS UND DES SCHWARZEN VERLANGENS ZURÜCKZUKEHREN. ELOHIM, TETRAGRAMMATON! GEH, VERFLUCHT, UM ZU FLUCHEN!

Unabhängig von Schreien oder Flüchen, die von dem befallenen Mitglied ausgehen können, werden alle anderen Teile sofort die Kette brechen, ihre Hände auf den Boden abladen und dann aufstehen, um Tageslicht im Raum zu schaffen, auch mit Hilfe von Lampen, Batterien, Laternen und mehr; Anschließend wird der Betroffene hinaustransportiert, und es wird erneut eine allgemeine Wäsche mit Wasser und Salz sowie wiederholte Begasungen mit Weihrauch und anderen Aromen durchgeführt.

Solange Sie rechtzeitig gehandelt haben, wird sich die Person, die sich für das Befallsphänomen interessiert, an nichts erinnern und im Laufe der Zeit (aber wir empfehlen, eine Mindestzeit von sechs Monaten bis zu einem Jahr zu verbringen) auch wieder Teil der Kette sein.

In Fällen von längerem und selbstgefälligem Befall wird es jedoch sehr wenig zu tun geben, da das betreffende Mitglied zum Brot für die Zähne von Psychiatern und Exorzisten wird, wobei es sich dann allmählich um die Befallsphänomene handelt, die in Grad und Wirkung zunehmen können, ähnlich wie in realen Fällen dämonischer Besessenheit, in den am meisten verärgerten und unterschätzten letzten Fällen.

Darüber hinaus muss auch daran erinnert werden, dass die Larven viel von der Inexzenz des Lums, von den blauen und blauen Lampen, von den Dämpfen des menschlichen Blutes und von den Stimmungen sexueller Natur angezogen werden; Es wird daher auch notwendig sein, all diese anderen offenen Türen für einen sicheren Befall zu vermeiden.

D) Abwechslungsreiche Phänomenologie medialer Sitzungen

Ashas wurde gesagt, dass mediale Sitzungen nur im zirkulären Dialog zwischen den Fieberhaften und den Ergebenen, zwischen den Mitgliedern der Kette und der gewünschten Entität gelöst werden oder spontan zum Angebot kommen; In vielen Fällen jedoch, angesichts der maximalen Kraft des Mediums, der Überlappung günstiger Situationen jeder Ordnung und jedes Grades und der ausgezeichneten Vorbereitung des Raumes selbst und der eng verbundenen Mitglieder der Kette, kann man zwischen Wunder und Schrecken, Begeisterung und Erstaunen ein ganzes Rätsel von physikalischen Phänomenen erleben, die wirklich schockierend sind, wenn auch nie gefährlich, Außer in einigen wenigen Fällen.

Die Phänomenologie, die sich so im Kontext einer ernsthaften medialen Forschungstätigkeit entwickeln kann, ist sehr umfangreich und artikuliert und umfasst somit: Beiträge von Objekten; ihre Materialisierung und Dematerialisierung; Verschwinden von Objekten, die den Mitgliedern der Kette gehören; im Allgemeinen angenehme olfaktorische Phänomene, wie Rosendüfte, frische und warme Winde usw.; akustische Phänomene wie Musik für Streicher, Violinen, Piousnoforti, Orgeln, Kinderstimmen, mystische Chöre, argentinisches Lachen, Tränen und Klagen; Visualisierung von Gesichtern und Körpern verstorbener Menschen und sogar deren vorübergehende Materialisierung; Abdruck von kinematographischen Platten, Zeichenblättern, vorbereiteten Leinwänden mit unterschiedlichen Darstellungen; Hilfeersuchen (in der Regel Gebete, Messen, gute Worte usw.), poetische und literarische Kompositionen; Materialisierung des als "Ektoplasma" bezeichneten Elements, einer Art durchscheinender und weißlicher Flüssigkeit, filamentartig wie Schleim, das sich verdicken kann, um Gesichter und Figuren zu bilden, die in Clustern und Voluten aus den natürlichen Hohlräumen des Mediums entstehen: Mund, Nase, Ohren, Augen, Urogenitalsystem usw.; Levitationsphänomene aller oben genannten Objekte, aber auch der Stühle und des Tisches selbst, der für die Sitze verwendet wird, die sich erheben, auf sich selbst drehen, kippen, zur Decke steigen können usw.; Schließlich kann das gleiche Medium Levitationsphänomenen unterliegen, und in diesem Fall wird darauf geachtet, dass es keinen Mod oder die Kette einbricht, zusammen mit dem Medium aufsteht und ihn gegebenenfalls mit Gewalt davon abhält, im Flug aufzustehen, wobei immer Kontakt mit seinem

181

Körper und der kreisförmige mit anderen gehalten wird.

E) Aufzeichnung der gleichen Phänomene

Im Laufe der Jahre, wenn Sie eine bestimmte Gruppenerfahrung mit sogar bemerkenswerten Phänomenen erreicht haben, wird offensichtlich der Wunsch entstehen, die gelebten Erfahrungen besser zu dokumentieren, durch die Verwendung von Fotografien, die Verwendung von Rekordern et similia, die getreue Transkription der interessantesten Dialoge mit den verschiedenen Entitäten und alles andere, was mit diesen Übungen zusammenhängt. In all dem ist nichts falsch, vorausgesetzt, dass hinter diesen Wünschen ein echter Wunsch steht, das Phänomen zu dokumentieren, und nicht ein vulgäres Verlangen nach Bekanntheit oder ein Durst nach leichten Verdiensten, der dem Verkauf von so mühsam erhaltenen Dokumenten an den Meistbietenden ausgeliefert ist!... In der Tat muss daran erinnert werden, dass sogar der Durst nach Profit, der Wunsch nach Erfolg, der Wunsch nach Bekanntheit und all die niedrigsten Gefühle des Menschen auf bemerkenswerte Weise dazu beitragen, Ihre Auren den schamanischen Wesenheiten, die von den Barunti-Geistern körperlos sind, schmackhaft zu machen ... und es besteht keine Notwendigkeit, etwas anderes hinzuzufügen.

Stattdessen empfehlen wir die getreue und pünktliche Transkription aller versuchten Erfahrungen, mit Hilfe einer Art Hauptbuch der Kette, in dem all dies mit Unterstützung von Fotografien, Zeichnungen und

182

anderem verfügbaren Material aufgeschrieben werden kann, um eine Art zirkulierendes Archiv zu bilden; Diese wertvollen Dokumente, wenn auch originell, könnten viel dazu beitragen, Licht auf die Geheimnisse zu werfen, die immer noch im Schatten der Medialität angezogen werden. Darüber hinaus könnten reifere Gruppen beginnen, Materialien und Zeugnisse solcher Erfahrungen mit Mitgliedern anderer Ketten auszutauschen, die in Bezug auf die Ehrlichkeit des Zwecks und die Ernsthaftigkeit der Vorbereitung gleichermaßen ernst sind.

F) Extremfälle

Um mit den Empfehlungen abzuschließen, müssen wir uns nur mit den Fällen befassen, die wir wegen ihrer Seltenheit oder auf jeden Fall wegen ihrer geringen Häufigkeit im Vergleich zu den sehr hohen Erfolgsraten oder der mittelmäßigen Umsetzung als extrem bezeichnen könnten.

Der erste Fall, der angesprochen werden muss: Was passiert, wenn die Kette unterbrochen wird, bevor die Sitzung für beendet erklärt wird? Im Nachhinein kann alles passieren; Ein Mitglied der Kette wird plötzlich von Skrupel oder Ängsten ergriffen, steht auf, entfernt den Kontakt, lässt den Stuhl fallen, bewegt sich weg!

Die Entität, die genau in diesem Moment anwesend ist, spürt den schnellen Fluss der hervorrufenden Energien zum Bruchpunkt der Kette, wo sich ihre ultranormale Empfindlichkeit als das fehlende Glied in der Kette herausstellt; Und hier wird das Wesen, das keiner Kontrolle mehr unterworfen ist, dem Kreis entkommen, hinter dem unglücklichen C freilaufen, er hat die Kette durchbrochen, ihn mit dem sicherlich nicht angenehmen Atem seiner Gegenwart ausgestattet und sich in einer Flut von Phänomenen entfesselt, die sicherlich nicht sofort gefährlich, aber fast immer unangenehm sind ... Und noch schlimmer wird es sein, wenn die Unglücklichen den Raum in Angst und Schrecken verlassen! Das Haus selbst könnte Gefahr laufen, von aufeinanderfolgenden Invasionen gefräßiger Larven befallen zu werden, Schamanten aus der interdimensionalen Passage blieben aufgrund des anfänglichen Bruchs offen und in diesem Fall blieb nichts anderes übrig, als den Raum, der medialen Sitzungen gewidmet war, für immer zu mauern oder sogar das Haus selbst in den verzweifeltsten Fällen zu verlassen!...

In der dann beschriebenen Hypothese, wenn jemand versucht hat aufzustehen, sollten Sie alles Mögliche versuchen, offensichtlich unter den schwierigen Bedingungen, die geschaffen wurden, um ihn dazu zu bringen, aufzuhören; Im Falle einer offensichtlichen Unmöglichkeit müssen Sie die Anwesenheit eines Geistes haben, der notwendig ist, um die unterbrochene Kette sofort wieder zu verbinden, indem Sie sie neu verknoten, den Ort überspringen, an dem Venut es wagt, sie leer zu finden, und mit dem fortfahren, was getan wurde, indem Sie sich mit aller möglichen Autorität der gastgebenden Entität aufdrängen, um sie dazu zu bringen, erforderlichenfalls zu gehen, und stundenlang darauf bestehen, mit zusammengebissenen Zähnen, bis es gewonnen hat.

Um mögliche zu vermeidenFälle eines plötzlichen Entkommens und Öffnens der Tür des Wohnzimmers, mit anschließendem Befall des Restes des Hauses, wird es gut sein, für die ersten paar Male (bis, das heißt, der Mut und die Fähigkeiten jedes Mitglieds der Kette wurden dauerhaft getestet), diese Tür von außen verschlossen zu halten; Zu diesem Zweck wird sich von Zeit zu Zeit in Rotation ein Mitglied der Kette von den Sitzungen ausschließen und draußen bleiben, um die geschlossene Tür zu beaufsichtigen, die sich erst öffnet, wenn die Sitzung beendet ist, die mit einem vereinbarten Signal noch vor der Sitzung angekündigt wird (dies, um plötzliche Türöffnungen zu vermeiden, zum Beispiel für den Fall, dass Larven an die Tür klopfen sollten, bekannte Stimmen und ähnliche Phänomene imitieren, eigentlich möglich).

Natürlich wird das letztendliche Mitglied, das für diese Phänomene verantwortlich ist, ohne Gnade aus der Gruppe entfernt werden müssen, die sich neuen und beschwerlichen Bemühungen stellen muss, wie der Suche nach einem neuen Anhänger, der Vorbereitung eines neuen Raumes für die Ausbildung und sogar der Schaffung eines neuen Tisches; In der Tat wird es eine gute Vorsichtsmaßnahme sein, nämlich die Zerstörung (mit Feuer und auf offener Landschaft) des Tisches, der sich in der beschriebenen Situation einer medialen

Sitzung befand, die abrupt unterbrochen und unterbrochen wurde.

All diese Empfehlungen sollten nicht auf die leichte Schulter genommen werden, abhängig von ihrer gewissenhaften Einhaltung des Erfolgs versuchter medialer Experimente, gegenwärtig und zukünftig.

Lightning Source UK Ltd.
Milton Keynes UK
UKHW040714221222
414324UK00004B/477